〔宋〕朱熹 ◇ 撰

廖名春 ◇ 点校

周易本义

中华书局

目　录

前　言

　　周易本义是朱熹(一一三〇—一二〇〇)的重要著作,也是易学史上颇有影响的注本。其成书和流传过程颇为曲折,学人们的评价也有所出入,值得介绍和分析。

　　白寿彝(一九〇九—二〇〇〇)周易本义考认为,"周易本义底初稿,大概在淳熙二年(一一七五)朱熹四十六岁时开始起草。这时还没有周易本义底名称,而称作易传"。淳熙四年(一一七七)朱熹四十八岁时,周易本义"事实上的初稿"易传成〔一〕。此是以易传与周易本义为一书,只是有"初稿"与"定稿"之别。

　　但距朱熹不久的陈振孙(？—约一二六一)直斋书录解题卷一却将"易传十一卷、本义十二卷、易学启蒙一卷"分别著录,并说:"晦庵……初为易传,用王弼本。复以吕氏古易经为本义,其大指略同而加详焉。"〔二〕这是说易传与周易本义虽"大指略同",但还是有区别的两书。宋史艺文志、马端临(约

〔一〕白寿彝:周易本义考,国立北平研究院:史学集刊第一期,一九三六年。
〔二〕〔宋〕陈振孙撰,徐小蛮、顾美华点校:直斋书录解题卷一,第二一页,上海古籍出版社,一九八七年。

一二五四—约一三二三）文献通考经籍考皆本之，都是将易传、周易本义分为两书。

朱熹弟子度正（一一六七—一二三五）书易学启蒙后云："晦庵先生为易传方脱稿，时天下已盛传之。正尝以为请，先生曰：'学者宜观启蒙。'……先生盖不自以易传为善也。……后之学者观之易传，则可见先生初年学易所以发明彖、象、文言者如此；观之启蒙，则可见先生后来学易所以举纲撮要、明示后学如此。"〔一〕束景南说："此尤可见易传为朱熹早年之作，后来所作周易本义乃从易传而来，二书既有联系，又有区别，周易本义之于易传，犹诗集传之于诗集解、大学章句之于大学集解、中庸章句之于中庸集解、论语集注之于论语要义、孟子集注之于孟子要义也。"〔二〕这一看法是正确的。因此，与其说易传是周易本义"事实上的初稿"，不如说易传是周易本义的前身。它们虽有联系，但显然是二而非一。

两者的不同，一是形式上易传用经传合一的王弼本，而周易本义用经传分离的吕祖谦古周易本。二是内容上易传"可见先生初年学易所以发明彖、象、文言者如此"，"其义理不能出程传，但节得差简略耳"〔三〕；但周易本义本于易学启蒙，"可见先生后来学易所以举纲撮要、明示后学如此"，其宗旨已有很大不同。能够代表朱熹易学思想的，应该是其晚年的周易

〔一〕文渊阁四库全书集部别集类性善堂稿卷一四。

〔二〕束景南：朱熹年谱长编，第五九六页，华东师范大学出版社，二〇〇一年。

〔三〕文渊阁四库全书集部别集类晦庵集别集卷三皇甫文仲。

本义而非其早年的易传。

吕祖谦(一一三七——一一八一)定古周易十二篇在淳熙八年(一一八一)五月,朱熹次年六月作跋印刻于婺州。其另起炉灶的周易本义的撰作,应在淳熙八年五月以后[一]。

周易本义多处有"详见启蒙"字样。而朱熹与蔡元定(一一三五——一一九八)合著的易学启蒙完稿于淳熙十三年(一一八六)。周易本义的完成当在这以后。

由淳熙十五年(一一八八)七月朱熹答蔡季通书七十"本义已略具备"说,可知周易本义此时已草成。但朱熹仍"意不甚满于易本义",又反复修改周易本义注文部分的底稿,直至庆元四年(一一九八)自认"近觉衰耄,不能复有所进"[二],才最后封笔。此后,朱熹于易学间有新观点,但已不再写入周易本义[三]。

周易本义的流传过程也颇为复杂。

绍熙二年(一一九一)朱熹答孙季和书就说:"旧读此书,尝有私记未定,而为人传出摹印,近虽收毁,而传布已多,不知曾见之否?其说虽未定,然大概可见,循此求之,庶不为凿空强说也。"[四]朱熹此书,白寿彝以为"就是本义的初稿易传本",以为"这可见自淳熙四年易传脱草以来,朱熹对于易传的

〔一〕束景南:朱子大传,第三八八页,福建教育出版社,一九九二年。
〔二〕文渊阁四库全书集部别集类晦庵集卷六三答孙敬甫。
〔三〕王风从朱子语类看周易本义的成书过程(中国哲学史二〇〇三年第四期)一文对此有详细考证,可参。
〔四〕文渊阁四库全书集部别集类晦庵集别集卷二。

不满,也只是枝节细微的地方,大体上是没有甚么的"〔一〕,是完全错误的。

首先,朱熹易传是用经传合一的王弼本,度正说"其义理不能出程传",即便有过,恐怕也不会失之太远。因此,认定绍熙二年的朱熹对其"不满","只是枝节细微的地方",是说不过去的。

其次,从"其说虽未定,然大概可见,循此求之,庶不为凿空强说也"来看,应是指淳熙十五年草成之周易本义。其次序用吕祖谦经传分离之古周易本,解经又本于易学启蒙,"先以卜筮占决之意求经文本意,而复以传释之"〔二〕,故有此说。

此后朱熹答刘君房书又说:"诸儒之言象数者例皆穿凿,言义理者又太汗漫。故其书为难读,此本义、启蒙所以作也。然本义未能成书,而为人窃出,再行模印,有误观览。启蒙本欲学者且就大传所言卦画蓍数推寻,不须过为浮说。而自今观之,如论河图、洛书,亦未免有剩语。"〔三〕此"未能成书,而为人窃出,再行模印"之本义,既与启蒙并称,可见决非淳熙四年脱草之易传,而当是淳熙十五年"已略具备"之本义。陈来考证:"书尾云:'此是伪学见识,不审明者以为如何?'以伪学自称,此书必在庆元乙卯之后。"〔四〕朱熹晚年所谈之本义,非早年

〔一〕白寿彝:周易本义考,国立北平研究院:史学集刊第一期,第二五五页。
〔二〕文渊阁四库全书集部别集类晦庵集别集卷二孙季和。
〔三〕文渊阁四库全书集部别集类晦庵集卷六〇。
〔四〕陈来:朱子书信编年考证,第三八八页,上海人民出版社,一九八九年。
　　按:庆元乙卯,即公元一一九五年。

之易传明矣。

由此可知，淳熙十五年周易本义初成后，便“为人窃出，再行模印”，朱熹“虽收毁，而传布已多”。这是淳熙十五年（一一八八）至绍熙二年（一一九一）三年间之事。

嘉定五年（一二一二），“眉山杨仲禹笃好先生之学，并刊二书以贻同好”，朱熹弟子度正“敬为书其后”〔一〕。但此与启蒙“并刊”之书并非周易本义，而是“可见先生初年学易所以发明彖、象、文言”之易传。

现今流传最广的“原本”周易本义当为南宋咸淳元年（一二六五）的吴革建宁府刻本〔二〕。但朱熹之孙朱鉴古易音训跋曰：“鉴既刊启蒙、本义，念音训不可阙，因取宝、婺、临、漳、鄂诸本，亲正讹误六十余字而并刊之。”〔三〕是知朱鉴不但刊刻了易学启蒙和吕祖谦的古易音训，还刊刻了周易本义。朱鉴生于宁宗绍熙元年（一一九〇），卒于理宗景定元年（一二六〇），其所刊周易本义显然当在吴革建宁府刻本之前。可能因为是官刻本，财力雄厚，所以吴革刻本“行格疏朗，字大如钱”，“非但是闽刻中的杰作，也是宋版书中的上乘”，以致先出的朱鉴刊本不传，而后出的吴革刻本却大盛。

除吴革刻本外，还有一种宋刻本流传至今。其虽无年月题识，不详何时何地所刻，但从其版心所记刻工姓名来看，应

〔一〕文渊阁四库全书集部别集类性善堂稿卷一四。
〔二〕李致忠：宋版书叙录，第二二页，书目文献出版社，一九九四年。
〔三〕文渊阁四库全书史部目录类经籍之属经义考卷三〇。

早于吴革本。傅增湘、王文进都以为是临安刻本。此一种宋本,二十世纪前叶尚存两部[一]。其中之一现藏北京国家图书馆,只是下经一卷已亡,只剩上经一卷、传十卷及五赞一卷、筮仪一卷了[二]。

较之以吴革建宁府刻本为代表的十二卷本系统,四卷本系统的周易本义更为流行。南宋咸淳二年(一二六六),朱熹再传弟子台州临海(今属浙江)人董楷(一二二六—?)编成周易传义附录十四卷[三]。是书"合程子传、朱子本义为一书,而采二子之遗说附录其下","惟程子传用王弼本,而朱子本义则用吕祖谦所定古本。楷以程子在前,遂割裂朱子本义附程传之后"[四]。程子传和朱子本义本子不同,董楷合"为一书",二者必居其一。其以程子传在前,遂以程子传为主,割裂朱子本义,以类相从。我们不好说这样就没有道理,但事实上却变乱了朱子本义的原貌,可以看出董楷对朱子本义的真精神还是理解不深。

董书"合程子传、朱子本义为一书",卷帙繁重,而且程传、本义和附录中的材料也不免有所重复。于是在其问世十数年或数十年后,元人遂就董书删除附录,仅存传、义,称作周易传

〔一〕说详王铁:周易本义校点说明,朱子全书第一册,第三页,上海古籍出版社、安徽教育出版社,二〇〇二年。

〔二〕中国古籍善本书目经部,第四六页,上海古籍出版社,一九八五年。

〔三〕周易传义附录提要:"其学出于陈器之,器之出于朱子,故其说易,以洛闽为宗。是编成于咸淳丙辰。"案:董楷序称"咸淳丙寅","辰"当为"寅",故知是咸淳二年。

〔四〕文渊阁四库全书经部易类周易传义附录提要。

义或周易经传。

明永乐（一四〇三——一四二四）中，胡广（一三七〇——一四一八）等编周易传义大全，以董书为基础，又辑元胡一桂（一二四七—？）易本义附录纂疏、胡炳文（一二五〇——一三三三）周易本义通释、董真卿周易会通诸书中所载宋、元各家之说，刊除重复，缀于程、朱注后，勒为一编，科举取士即以此为据。"后来士子厌程传之多，弃去不读，专用本义。而大全之本，乃朝廷所颁，不敢辄改，遂即监版传义之本，刊去程传，而以程传之次序为朱之次序"。这样，就出现了四卷本的周易本义。以致顾炎武（一六一三——一六八二）感叹："相传且二百年矣，惜乎朱子定正之书竟不得见于世，岂非此经之不幸也夫？"〔一〕

四卷本的周易本义，据清初吴肃公（一六二六——一六九九）说，始于明成化年间（一四六五——一四八七）的奉化儒学教谕成矩。而明杨守陈序称："是编异朱子元本，亦以便士也，好事者何容喙哉！"〔二〕朱彝尊（一六二九——一七〇九）经义考按："今用之三百年，习易者茫然不知本义元本，若矩者，岂非朱子之罪人与？"〔三〕都是以四卷本始刻归之于成矩。

四卷本尽管非本义之旧，但问世不久即得到大量翻刻。尽管有顾炎武、朱彝尊这样的大家的批评，但从明代后期直至有清一代，流行的周易本义仍是"分经合传"的四卷本而非"分

〔一〕文渊阁四库全书子部杂家类杂考之属日知录卷一。
〔二〕文渊阁四库全书史部目录类经籍之属经义考卷三一。
〔三〕文渊阁四库全书史部目录类经籍之属经义考卷三一。

经异传"的十二卷本。这则是朱熹所始料不及的了。

关于周易本义一书的价值，后人一直有不同的认识。

明清两代统治者都尊崇理学，奉朱熹为正宗，科举考试周易皆一本朱说。较之王注、孔疏，周易本义后来居上，不足为奇。但也应注意到，周易本义卷首九图[一]，以数说易，形上性更强，将"先天之学"与"后天之学"结合在一起，打通天道与人道，开拓了广阔的解释空间，更能满足理论思维的需要。这是传统社会主流尊崇周易本义的内因。

近代以来，政治形势和学术观念大变。学人们在不信王注、孔疏、程传"圣人作易专为说道理以教人"说的同时，却极为肯定周易本义的经、传分观，认同朱熹"易本是卜筮之书"的易学观。从顾颉刚到李镜池，最后由高亨集其大成，形成了近代以来的以"疑古"为特征的新易学体系。这一体系的发展和构成，都借鉴了朱熹周易本义的有关论述，都是对朱熹"易本是卜筮之书"说的展开。因此，可以说，不读周易本义，非但不能了解易学在宋明以后的新发展，更不能了解近代以来以"疑古"为特征的新易学的历史和渊源。说周易本义是易学史上继王注、孔疏以后的第三座里程碑，应不为过。

关于周易本义一书的争议，首先聚焦于其易图。

明人季本（一四八五——一五六三）"为图文余辨二卷，分

[一] 清王懋竑力辨"易本义九图非朱子之作也，后之人以启蒙依放为之"（白田杂著卷一），白寿彝亦持相同说法（朱熹对于易学的贡献，北平日报一九三六年三月十六日），殊不可信。详见王铁：周易本义校点说明，朱子全书第一册，第七页。

内、外二篇。内篇辨朱子九图之误,其论后天图非文王所作",又"谓先天圆图亦尚有可疑"〔一〕。

杨慎(一四八八——一五五九)讥朱子因易龙图"其出于希夷而讳之,殆掩耳盗铃也",又说:"易图先天始于希夷,而后天续于康节,朱子所以不明言者,非为康节,直以希夷,恐后人议其流于神仙也。藏头露尾,亦何益哉?"又说其启蒙是"廋辞误人",甚至说后人用此说者是"不通古今者也,茅塞一世,眩惑千古,莫此为甚"〔二〕。

归有光(一五〇六——一五七一)也说:"易图非伏羲之书也,此邵子之学也。……不应此图交叠环布,远出姬孔之前,乃弃而不论,而独流落于方士之家,此岂可据以为信乎?"〔三〕

至清初,经黄宗羲(一六一〇——一六九五)、黄宗炎(一六一六——一六八六)、毛奇龄(一六二三——一七一六)、胡渭(一六三三——一七一四)等的考证,朱子易图的不可信已成定谳〔四〕。因此才有了王懋竑(一六六八——一七四一)"易本义九图非朱子之作也"说,为"易本义九图"事着力替朱子洗刷。现在看来,王懋竑的洗刷是徒劳的,周易本义卷首九图确实是"易外别传",以图书解易,确实是朱子易学的败笔。

贯穿周易本义一书始终的"易本是卜筮之书"说,尽管时人奉为读易的不二法门,其实也是不可信的。周易源于卜筮,

〔一〕 文渊阁四库全书附钦定四库全书总目卷七。
〔二〕 文渊阁四库全书子部杂家类杂考之属丹铅续录卷二。
〔三〕 文渊阁四库全书集部别集类震川集卷一。
〔四〕 详参李申:易图考,北京大学出版社,二〇〇一年。

但发展到"文王作易"以后的周易,已不能单纯以卜筮之书视之了。从马王堆出土的帛书要篇我们知道,孔子晚年以前也是视周易为卜筮之书的,因而不主张弟子学易。但到晚年,却"老而好易,居则在席,行则在橐",易学观为之一变。为什么?因为他从周易一书中看到了"德义",看到了文王之道,发现"易有天道"、"有地道"、"有人道"、"有四时之变"、"有君道"〔一〕。也就是说,孔子不但在周易一书中发现了自然哲学,而且还发现了社会政治哲学。这是不是孔子"无中生有"、"郢书燕说"?我们可以证诸周易卦爻辞本身。

近人否认周易有阴阳观念,说易经"阴"字仅一见(中孚九二"鸣鹤在阴")〔二〕,连"阳"字都没有,怎能说易经有阴阳观念?怎能说"易以道阴阳"呢?〔三〕其实周易"乾"、"坤"的本字就是"健"、"顺",周易乾卦六爻都是阳爻,卦名称之为"健",可知阳爻所代表的就是健,乾卦的题中之义就是论述刚健的问题;坤卦六爻都是阴爻,卦名称之为"顺",可知阴爻所代表的就是顺,坤卦的题中之义就是论述柔顺的问题。周易六十四卦都是由阳爻和阴爻构成的,八卦也是如此,可知"健"、"顺"是构成周易六十四卦的基本因子,它们相反相成,对待而又统一。从这一意义上说,"健"、"顺"内涵了二元对待的思

〔一〕帛书要释文,详见廖名春:帛书周易论集,上海古籍出版社,二〇〇八年。
〔二〕就是这仅有的一个"阴"字,高亨也认为是"荫"的借字,指树荫(周易大传今注,第四八〇页,齐鲁书社,一九七九年)。
〔三〕张立文:周易思想研究,第一一三、一一九页,湖北人民出版社,一九八〇年。

想,是周易本经本身就具有的一对概念。表示二元对待思想的范畴,流行且为我们熟悉的有"阴""阳"、"刚""柔",但真正在周易本经里能找到根据的,则只有"乾"、"坤",也就是"健"、"顺"。因此,周易本经里尽管没有"阴"、"阳"二字,但却有二元对待的思想,其概念就是"健"、"顺"。"健"、"顺"就是"阳"、"阴",就是"刚"、"柔"。孔子和以易传为代表的早期文献"以阴阳"解易,形式上虽有一定的出入,但就实质而言,则是抓住了周易二元对待思想的本质,并非是无中生有[一]。

乾卦九三爻辞"君子终日乾乾,夕惕若,厉,无咎",历来注家皆本孔颖达正义,以为爻辞是说"君子日则黾勉,夕则惕惧,虽处危境,亦可无咎"。但淮南子人间训却说:"'终日乾乾',以阳动也;'夕惕若厉',以阴息也。因日而动,因夜以息,唯有道者能行之。"帛书衷篇也说:"'君子冬日键键',用也;'夕沂若,厉无咎',息也。"可见"惕"义本当为止息,而非"惕惧",意思是说"动"还是"息"取决于"时",君子当因时而动,因时而止。这种重"时"的思想,我们能说它不是哲学么?

又如坤卦六二爻辞"直方大不习无不利",王弼、孔颖达、朱熹都以为"不习无不利"是"不待学习而无不利"。这确实没有什么道理。但帛书二三子篇、帛书衷篇却以"挠"、"折"解"习"。这使我想到:"习"当是借字,本字当作"摺(折)"。爻

〔一〕详见廖名春:从"乾"、"坤"的本字论周易的哲学内涵,〔韩国〕成均馆大学儒教文化研究所:儒教文化研究国际版第九辑,二〇〇八年二月。

辞是说:做到正直而方正,就能宏大,就能不折败,就没有不利[一]。这种对"直方"的推崇,不能说不是哲学。

这样的例子实在是太多了,限于篇幅,就不一一详举。由此可见,说周易"本是卜筮之书",没有哲学,没有社会政治思想,简单地否定"圣人作易专为说道理以教人"的古训,只能说是误读周易的卦爻辞。从这一角度而言,我们实在不能对朱熹的周易本义评价过高。客观地说,从"本义"论,朱熹的周易本义不是成功之作;但就易学史而言,朱熹的周易本义又是我们绕不过去的一座高峰。今天我们读周易本义,意义正在于后者。

本点校本原系朱伯崑先生主持的美芝灵国际易学研究院的函授教材,由广州出版社于一九九四年出版过。其底本是上海古籍出版社影印的一九三六年世界书局的"四书五经"本。而世界书局本又是据武英殿本合并影印的。从版本源流而言,应属于"分经合传"的四卷本一系。世界书局本原有断句,在此基础上,笔者又作了新式标点,并改正了一些明显的错字,以便读者阅读。这次承张继海先生美意,由中华书局重版。原想在世界书局影印武英殿本的基础上,找几个较早的本子校校。因此,请研究生孙飞燕往国家图书馆用明正德十六年本、宋咸淳元年吴革刻本校勘一过,自己也用清明善堂本、文渊阁四库全书的两种本子校了校,结果校出了大量的异文,如何取舍,着实为难。原因是四卷本是从十二卷本一步一

[一] 以上两例,详见廖名春:周易乾坤两卦卦爻辞五考,周易研究一九九九年第一期。

步改编过来的,由于其并非一蹴而就,其间的改动颇多。比如十二卷本原无反切和注音,四卷本则多有之。而且各种版本的四卷本反切和注音又往往有所不同。这些不同的反切和注音,到底取谁,实在不好说。还有一些异体字,虽然与文义没有太大的关系,却是改不胜改。最后,笔者决定,为了避免改动过大,这些与文义没有关系的异文干脆就不管了,基本上都以世界书局影印武英殿本为准。只有与文义有涉的那些明显的错误,才据别本做了改正。这样,我们原先所做的校勘,可以说大量都没用上。虽然心有不甘,但也只能如此。因为四卷本并非周易本义的原貌,恢复最早的四卷本的原貌并没有什么意义。

从版本学的角度看,四卷本没有多大的意义;从朱熹的本意看,四卷本更不能成立。但从方便读者学习周易看,四卷本却较十二卷本好得多。因为十二卷本"分经异传",没有"传","经"文的意思难以理解。离开了"经",如小象传,更是莫名其妙。而四卷本"分经合传",卦辞后紧接象传和大象,爻辞后紧接小象,确实有利于我们阅读。我们只要懂得"经"、"传"原非一体,"传"只能作参考,并不能与"经"等量齐观就行了。如果想用周易本义来学易,还是四卷本更方便。我想,这应该是四卷本较十二卷本更流行的原因,也是我们当年使用四卷本周易本义作教材的初衷。

廖名春

周易序

易之为书，卦爻彖象之义备，而天地万物之情见，圣人之忧天下来世其至矣。先天下而开其物，后天下而成其务。是故极其数以定天下之象，著其象以定天下之吉凶。六十四卦、三百八十四爻，皆所以顺性命之理，尽变化之道也。散之在理，则有万殊；统之在道，则无二致。所以，易有太极，是生两仪。太极者，道也；两仪者，阴阳也。阴阳一道也，太极无极也。万物之生，负阴而抱阳，莫不有太极，莫不有两仪。絪缊交感，变化不穷。形一受其生，神一发其智，情伪出焉，万绪起焉，易所以定吉凶而生大业。故易者，阴阳之道也；卦者，阴阳之物也；爻者，阴阳之动也。卦虽不同，所同者奇耦；爻虽不同，所同者九六。是以六十四卦为其体，三百八十四爻互为其用，远在六合之外，近在一身之中。暂于瞬息，微于动静，莫不有卦之象焉，莫不有爻之义焉。至哉易乎！其道至大而无不包，其用至神而无不存。时固未始有一，而卦未始有定象；事固未始有穷，而爻亦未始有定位。以一时而索卦，则拘于无变，非易也；以一事而明爻，则窒而不通，非易也；知所谓卦爻彖象之义，而不知有卦爻彖象之用，亦非易也。故得之于精神之运、心术之动，与天地合其德，与日月合其明，与四时合其序，与鬼神合其吉凶，然后可以谓之知易也。虽然，易之有卦，易之已形者也；卦之有爻，卦之已见者也。已形已见者，可以知言；未形未见者，不可以名求，则所谓易者果何如哉？此学者所当知也。

筮 仪

择地洁处为蓍室,南户,置床于室中央。

> 床大约长五尺,广三尺,毋太近壁。

蓍五十茎,韬以缥帛,贮以皂囊,纳之椟中,置于床北。

> 椟以竹筒,或坚木,或布漆为之,圆径三寸,如蓍之长,半为底,半为盖,下别为台函之,使不偃仆。

设木格于椟南,居床二分之北。

> 格以横木板为之,高一尺,长竟床,当中为两大刻,相距一尺,大刻之西为三小刻,相距各五寸许,下施横足,侧立案上。

置香炉一于格南,香合一于炉南,日炷香致敬。将筮,则洒扫拂拭,涤砚一,注水,及笔一、墨一、黄漆板一,于炉东,东上。筮者齐洁衣冠北面,盥手焚香致敬。齐,侧皆反。

> 筮者北面,见仪礼。若使人筮,则主人焚香毕,少退,北面立。筮者进,立于床前少西,南向受命。主人直述所占之事,筮者许诺。主人右还,西向立;筮者右还,北向立。

两手奉椟盖,置于格南炉北,出蓍于椟,去囊解韬,置于椟东。合五十策,两手执之,熏于炉上。

此后所用蓍策之数，其说并见启蒙。

命之曰：假尔泰筮有常，假尔泰筮有常，某官姓名，今以某事云云，未知可否。爰质所疑于神于灵，吉凶得失，悔吝忧虞，惟尔有神，尚明告之。乃以右手取其一策，反于椟中，而以左右手中分四十九策，置格之左右两大刻。

此第一营，所谓"分而为二以象两"者也。

次以左手取左大刻之策执之，而以右手取右大刻之一策，挂于左手之小指间。

此第二营，所谓"挂一以象三"者也。

次以右手四揲左手之策。揲，食列反。

此第三营之半，所谓"揲之以四以象四时"者也。

次归其所余之策，或一，或二，或三，或四，而扐之左手无名指间。

此第四营之半，所谓"归奇于扐以象闰"者也。

次以右手反过揲之策于左大刻，遂取右大刻之策执之，而以左手四揲之。

此第三营之半。

次归其所余之策如前，而扐之左手中指之间。

此第四营之半，所谓"再扐"以象"再闰"者也。一变所余之策，左一则右必三，左二则右亦二，左三则右必一，左四则右亦四。通挂一之策，不五则九。五以一其四而为奇，九以两其四而为耦，奇者三而耦者一也。

次以右手反过揲之策于右大刻，而合左手一挂二扐之策，置于格上第一小刻。

> 以东为上，后放此。

是为一变。再以两手取左右大刻之蓍合之。

> 或四十四策，或四十策。

复四营，如第一变之仪，而置其挂扐之策于格上第二小刻，是为二变。复，扶又反；营，于平反；下同。

> 二变所余之策，左一则右必二，左二则右必一，左三则右必四，左四则右必三。通挂一之策，不四则八，四以一其四而为奇，八以两其四而为耦，奇耦各得四之二焉。

又再取左右大刻之蓍合之。

> 或四十策，或三十六策，或三十二策。

复四营如第二变之仪，而置其挂扐之策于格上第三小刻，是为三变。

> 三变余策与二变同。

三变既毕，乃视其三变所得挂扐过揲之策，而画其爻于版。

> 挂扐之数，五四为奇，九八为耦，挂扐三奇，合十三策，则过揲三十六策而为老阳，其画为▫，所谓重也；挂扐两奇一耦合十七策，则过揲三十二策而为少阴，其画为▬▬，所谓拆也；挂扐两耦一奇合二十一策，则过揲二十八策而为少阳，其画为▬，所谓单也；挂扐三耦合二十五策，则过揲二十四策而为老阴，其书为×，所谓交也。

如是每三变而成爻。

> 第一、第四、第七、第十、第十三、第十六，凡六变并同，但第三变以下不命，而但用四十九蓍耳。第二、第五、第八、第十一、第十四、

第十七，凡六变亦同。第三、第六、第九、第十二、第十五、第十八，凡六变亦同。

凡十有八变而成卦，乃考其卦之变，而占其事之吉凶。

卦变别有图，说见启蒙。

礼毕，韬蓍袭之以囊，入椟加盖，敛笔砚墨版，再焚香致敬而退。

如使人筮，则主人焚香，揖筮者而退。

周易本义卦歌

八卦取象卦歌

☰ 乾三连，

☷ 坤六断；

☳ 震仰盂，

☶ 艮覆碗；

☲ 离中虚，

☵ 坎中满；

☱ 兑上缺，

☴ 巽下断。

分宫卦象次序

乾、坎、艮、震为阳四宫，巽、离、坤、兑为阴四宫，每宫阴阳八卦。

乾为天，天风姤，天山遁，天地否，风地观，山地剥，火地晋，火天大有；

坎为水，水泽节，水雷屯，水火既济，泽火革，雷火丰，地火明夷，地水师；

艮为山,山火贲,山天大畜,山泽损,火泽睽,天泽履,风泽中孚,风山渐;

震为雷,雷地豫,雷水解,雷风恒,地风升,水风井,泽风大过,泽雷随;

巽为风,风天小畜,风火家人,风雷益,天雷无妄,火雷噬嗑,山雷颐,山风蛊;

离为火,火山旅,火风鼎,火水未济,山水蒙,风水涣,天水讼,天火同人;

坤为地,地雷复,地泽临,地天泰,雷天大壮,泽天夬,水天需,水地比;

兑为泽,泽水困,泽地萃,泽山咸,水山蹇,地山谦,雷山小过,雷泽归妹。

上下经卦名次序歌

乾坤屯蒙需讼师,

比小畜兮履泰否;

同人大有谦豫随,

蛊临观兮噬嗑贲;

剥复无妄大畜颐,

大过坎离三十备。

咸恒遁兮及大壮,

晋与明夷家人睽;

蹇解损益夬姤萃,

升困井革鼎震继；
艮渐归妹丰旅巽，
兑涣节兮中孚至；
小过既济兼未济，
是为下经三十四。

上下经卦变歌

讼自遁变泰归妹，
否从渐来随三位，
首困噬嗑未济兼，
蛊三变贲井既济，
噬嗑六五本益生，
贲原于损既济会，
无妄讼来大畜需，
咸旅恒丰皆疑似，
晋从观更睽有三，
离与中孚家人系，
蹇利西南小过来，
解升二卦相为赘，
鼎由巽变渐涣旅，
涣自渐来终于是。

周易本义图目

河图

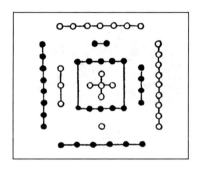

洛书

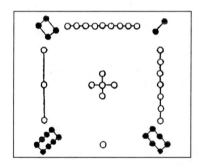

系辞传曰:"河出图,洛出书,圣人则之。"又曰:"天一、地二,天三、地四,天五、地六,天七、地八,天九、地十。天数五,地数五,五位相得而各有合。天数二十有五,地数三十。凡天地之数五十有五,此所以成变化而行鬼神也。"此河图之数也。洛书盖取龟象,故其数戴九履一,左三右七,二四为肩,六八为足。

蔡元定曰:图书之象,自汉孔安国、刘歆,魏关朗子明,有宋康节先生邵雍尧夫,皆谓如此。至刘牧始两易其名,而诸家因之,故今复之,悉从其旧。

伏羲八卦次序

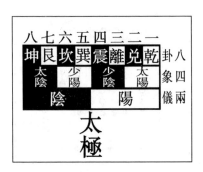

系辞传曰:"易有太极,是生两仪,两仪生四象,四象生八卦。"邵子曰:"一分为二,二分为四,四分为八也。"说卦传曰:"易,逆数也。"邵子曰:"乾一,兑二,离三,震四、巽五,坎六,艮七,坤八。自乾至坤,皆得未生之卦,若逆推四时之比也。后六十四卦次序放此。"

伏羲八卦方位

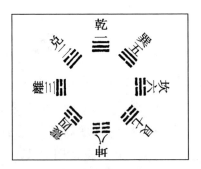

说卦传曰:"天地定位,山泽通气,雷风相薄,水火不相射。八卦相错,数往者顺,知来者逆。"邵子曰:"乾南、坤北、离东、坎西、震东北、兑东南,巽西南、艮西北。自震至乾为顺,自巽至坤为逆。后六十四卦方位放此。"

伏羲六十四卦次序

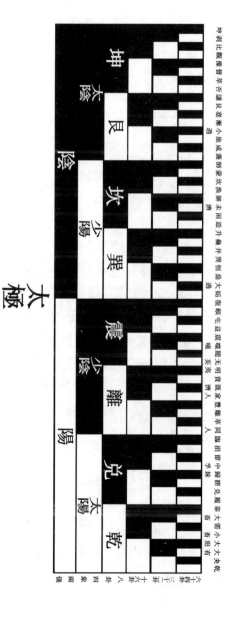

前八卦次序图，即系辞传所谓"八卦成列"者。此图即其所谓"因而重之"者也，故下三画即前图之八卦，上三画则各以其序重之，而下卦因亦各衍而为八也。若逐爻渐生，则邵子所谓八分为十六，十六分为三十二，三十二分为六十四者，尤见法象自然之妙也。

伏羲六十四卦方位

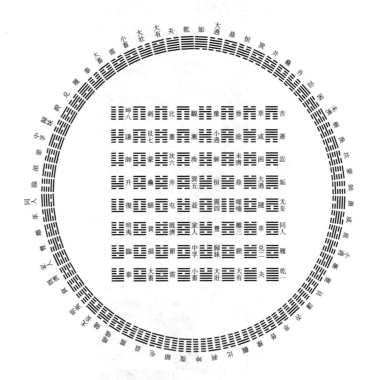

伏羲四图，其说皆出邵氏。盖邵氏得之李之才挺之，挺之得之穆修伯长，伯长得之华山希夷先生陈抟图南者，所谓先天之学也。此图圆布者，乾尽午中，坤尽子中，离尽卯中，坎尽酉中。阳生于子中,极于午中;阴生于午中,极于子中。其阳在南,其阴在北。方布者,乾始于西北,坤尽于东南;其阳在北,其阴在南。此二者,阴阳对待之数:圆于外者为阳,方于中者为阴;圆者动而为天,方者静而为地者也。

文王八卦次序

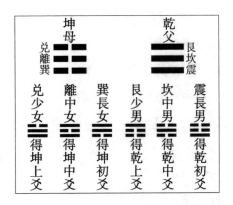

文王八卦方位

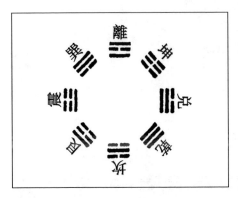

右见说卦。邵子曰:"此文王八卦,乃入用之位,后天之学也。"

卦变图

象传或以卦变为说,今作此图以明之。盖易中之一义,非画卦作易之本指也。

凡一阴一阳之卦各六,皆从复、姤而来(五阴五阳,卦同图异)。

剥　比　豫　谦　师　复

夬　大有　小畜　履　同人　姤

凡二阴二阳之卦各十有五,皆自临、遁而来(四阴四阳,卦同图异)。

颐　屯　震　明夷　临

蒙　坎　解　升

艮　蹇　小过

晋　萃

观

大过　鼎　巽　讼　遁

革　离　家人　无妄

兑　睽　中孚

需　大畜

大壮

凡三阴三阳之卦各二十，皆自泰、否而来。

损　节　归妹　泰

贲　既济　丰

噬嗑　随

益

蛊　井　恒

未济　困

涣

旅　咸

渐

否

咸　旅　渐　否

困　未济　涣

井　蛊

恒

随　噬嗑　益

既济　贲

丰

节　损

归妹

䷊
泰

凡四阴四阳之卦各十有五，皆自**大壮**、观而来（二阴二阳，
图已见前）。

䷙　　䷿　　䷡
大畜　需　大壮

䷥　　䷹
睽　兑

䷼
中孚

䷝　　䷰
离　革

䷤
家人

䷘
无妄

䷱　　䷛
鼎　大过

䷸
巽

䷅
讼

䷠
遁

萃　晋　观

蹇　艮

小过

坎　蒙

解

升

屯　颐

震

明夷

临

凡五阴五阳之卦各六，皆自夬、剥而来（一阴一阳，图已见前）。

大有　夬

☰ 小畜

☰ 履

☰ 同人

☰ 姤

☷ 比　☶ 剥

☷ 豫

☷ 谦

☷ 师

☷ 复

右易之图九：有天地自然之易，有伏羲之易，有文王、周公之易，有孔子之易。自伏羲以上，皆无文字，只有图画，最宜深玩，可见作易本原精微之意。文王以下，方有文字，即今之周易。然读者亦宜各就本文消息，不可便以孔子之说为文王之说也。

周易卷之一

周易上经

　　周，代名也；易，书名也。其卦本伏羲所画，有交易、变易之义，故谓之易。其辞则文王、周公所系，故系之周。以其简帙重大，故分为上下两篇，经则伏羲之画，文王、周公之辞也；并孔子所作之传十篇，凡十二篇。中间颇为诸儒所乱，近世晁氏始正其失，而未能尽合古文。吕氏又更定著为经二卷、传十卷，乃复孔氏之旧云。

乾

☰(乾下乾上)**乾：元亨利贞。**

　　乾，渠焉反。六画者，伏羲所画之卦也。一者，奇也，阳之数也。乾者，健也，阳之性也。本注乾字，三画卦之名也。下者，内卦也；上者，外卦也。经文乾字，六画卦之名也。伏羲仰观俯察，见阴阳有奇偶之数，故画一奇以象阳，画一耦以象阴。见一阴一阳有各生一阴一阳之象，故自下而上，再倍而三，以成八卦。见阳之性健，而其成形之大者为天，故三奇之卦名之曰乾，而拟之于天也。三画已具，八卦已成，则又三倍其画以成六画，而于八卦之上，各

加八卦,以成六十四卦也。此卦六画皆奇,上下皆乾,则阳之纯而
健之至也。故乾之名,天之象,皆不易焉。"元亨利贞",文王所系
之辞,以断一卦之吉凶,所谓彖辞者也。元,大也;亨,通也;利,宜
也;贞,正而固也。文王以为乾道大通而至正,故于筮得此卦,而
六爻皆不变者,言其占当得大通,而必利在正固,然后可以保其终
也。此圣人所以作易教人卜筮,而可以开物成务之精意。余卦
放此。

初九,潜龙勿用。

潜,捷言反。初九者,卦下阳爻之名。凡画卦者自下而上,故以下
爻为初。阳数,九为老,七为少,老变而少不变,故谓阳爻为九。
"潜龙勿用",周公所系之辞,以断一爻之吉凶,所谓爻辞者也。
潜,藏也;龙,阳物也。初阳在下,未可施用,故其象为"潜龙",其
占曰"勿用"。凡遇乾而此爻变者,当观此象而玩其占也。余爻
放此。

九二,见龙在田,利见大人。

"见龙"之见,贤遍反,卦内见龙并同。二,谓自下而上,第二爻也。
后放此。九二,刚健中正,出潜离隐,泽及于物,物所利见。故其
象为"见龙在田",其占为"利见大人"。九二,虽未得位,而大人
之德已著,常人不足以当之。故值此爻之变者,但为利见此人而
已,盖亦谓在下之大人也。此以爻与占者相为主宾,自为一例。
若有见龙之德,则为利见九五在上之大人矣。

九三,君子终日乾乾,夕惕若,厉,无咎。

九,阳爻;三,阳位。重刚不中,居下之上,乃危地也。然性体刚
健,有能乾乾惕厉之象,故其占如此。君子,指占者而言。言能忧
惧如是,则虽处危地而无咎也。

九四,或跃在渊,无咎。

跃,羊灼反。"或"者,疑而未定之辞;"跃"者,无所缘而绝于地,特未飞尔;"渊"者,上空下洞,深昧不测之所,龙之在是。若下于田,或跃而起,则向乎天矣。九阳四阴,居上之下,改革之际,进退未定之时也,故其象如此。其占能随时进退,则无咎也。

九五,飞龙在天,利见大人。

刚健中正以居尊位,如以圣人之德,居圣人之位,故其象如此。而占法与九二同,特所利见者,在上之大人尔。若有其位,则为利见九二在下之大人也。

上九,亢龙有悔。

亢,苦浪反。上者,最上一爻之名。亢者,过于上而不能下之意也。阳极于上,动必有悔,故其象占如此。

用九,见群龙无首,吉。

用九,言凡筮得阳爻者,皆用九而不用七,盖诸卦百九十二阳爻之通例也。以此卦纯阳而居首,故于此发之。而圣人因系之辞,使遇此卦而六爻变者,即此占之。盖六阳皆变,刚而能柔,吉之道也。故为群龙无首之象,而其占为如是则吉也。春秋传曰:乾之坤,曰"见群龙无首,吉",盖即纯坤卦辞"牝马之贞"、"先迷后得"、"东北丧朋"之意。

彖曰:大哉乾元,万物资始,乃统天。

彖,吐乱反。彖即文王所系之辞。传者,孔子所以释经之辞也。后凡言传者放此。此专以天道明乾义。又析"元亨利贞"为四德以发明之。而此一节,首释"元"义也。"大哉",叹辞。元,大也,始也。"乾元",天德之大始,故万物之生皆资之以为始也。又为四德之首,而贯乎天德之始终,故曰"统天"。

云行雨施,品物流形。

施,始豉反,卦内同。此释乾之"亨"也。

大明终始,六位时成,时乘六龙以御天。

始,即元也;终,谓贞也。不终则无始,不贞则无以为元也。此言圣人大明乾道之终始,则见卦之六位各以时成,而乘此六阳以行天道,是乃圣人之元亨也。

乾道变化,各正性命,保合太和,乃利贞。

"变"者,化之渐。"化"者,变之成。物所受为性,天所赋为命。"太和",阴阳会合冲和之气也。"各正"者,得于有生之初。"保合"者,全于已生之后。此言乾道变化,无所不利,而万物各得其性命以自全,以释"利贞"之义也。

首出庶物,万国咸宁。

圣人在上,高出于物,犹乾道之变化也。万国各得其所而咸宁,犹万物之各正性命而保合太和也。此言圣人之利贞也,盖尝统而论之。元者,物之始生;亨者,物之畅茂;利,则向于实也;贞,则实之成也。实之既成,则其根蒂脱落,可复种而生矣。此四德之所以循环而无端也。然而四者之间,生气流行,初无间断,此元之所以包四德而统天也。其以圣人而言,则孔子之意,盖以此卦为圣人得天位,行天道,而致太平之占也。虽其文义有非文王之旧者,然读者各以其意求之,则并行而不悖也。坤卦放此。

象曰:天行健,君子以自强不息。

象者,卦之上下两象及两象之六爻,周公所系之辞也。天,乾卦之象也。凡重卦皆取重义,此独不然者,天一而已。但言天行,则见

其一日一周,而明日又一周,若重复之象,非至健不能也。君子法
之,不以人欲害其天德之刚,则自强而不息矣。

"潜龙勿用",阳在下也。

阳谓九,下谓潜。

"见龙在田",德施普也。

"终日乾乾",反复道也。

复,芳服反,本亦作覆。反复,重复践行之意。

"或跃在渊",进无咎也。

可以进,而不必进也。

"飞龙在天",大人造也。

造,徂早反。造,犹作也。

"亢龙有悔",盈不可久也。

"用九",天德不可为首也。

言阳刚不可为物先,故六阳皆变而吉。"天行"以下,先儒谓之大
象。"潜龙"以下,先儒谓之小象。后放此。

文言曰:元者,善之长也;亨者,嘉之会也;利者,义之和
也;贞者,事之干也。

长,丁丈反,下"长人"同;干,古旦反。此篇申彖传、象传之意,以
尽乾坤二卦之蕴,而余卦之说,因可以例推云。元者,生物之始,
天地之德,莫先于此,故于时为春,于人则为仁,而众善之长也。
亨者,生物之通,物至于此,莫不嘉美,故于时为夏,于人则为礼,
而众美之会也。利者,生物之遂,物各得宜,不相妨害,故于时为
秋,于人则为义,而得其分之和。贞者,生物之成,实理具备,随在
各足,故于时为冬,于人则为智,而为众事之干。干,木之身,而枝

叶所依以立者也。

君子体仁足以长人，嘉会足以合礼，利物足以和义，贞固
足以干事。

> 以仁为体，则无一物不在所爱之中，故足以长人。嘉其所会，则无
> 不合礼。使物各得其所利，则义无不和。"贞固"者，知正之所在
> 而固守之，所谓知而弗去者也，故足以为事之干。

君子行此四德者，故曰"乾：元亨利贞"。

> 非君子之至健，无以行此，故曰"乾：元亨利贞"。
>
> 此第一节，申彖传之意，与春秋传所载穆姜之言不异。疑古者已
> 有此语，穆姜称之，而夫子亦有取焉。故下文别以"子曰"表孔子
> 之辞，盖传者欲以明此章之为古语也。

初九曰"潜龙勿用"，何谓也？子曰："龙德而隐者也。
不易乎世，不成乎名。遁世无闷，不见是而无闷。乐则
行之，忧则违之。确乎其不可拔，潜龙也。"

> 乐，音洛；确，苦学反。龙德，圣人之德也，在下故隐。易，谓变其
> 所守。大抵乾卦六爻，文言皆以圣人明之，有隐显而无浅深也。

九二曰"见龙在田，利见大人"，何谓也？子曰："龙德而
正中者也。庸言之信，庸行之谨。闲邪存其诚，善世而
不伐，德博而化。易曰：'见龙在田，利见大人。'君
德也。"

> 行，下孟反；邪，以嗟反。正中，不潜而未跃之时也。常言亦信，常
> 行亦谨，盛德之至也。"闲邪存其诚"，无斁亦保之意，言君德也
> 者。释大人之为九二也。

九三曰"君子终日乾乾，夕惕若，厉，无咎"，何谓也？子

曰:"君子进德修业。忠信,所以进德也;修辞立其诚,
所以居业也。知至至之,可与几也;知终终之,可与存义
也。是故居上位而不骄,在下位而不忧,故乾乾因其时
而惕,虽危无咎矣。"

几,音机。"忠信",主于心者,无一念之不诚也。"修辞",见于事
者,无一言之不实也。虽有忠信之心,然非修辞立诚,则无以居
之。"知至至之",进德之事。"知终终之",居业之事。所以"终
日乾乾"而夕犹惕若者,以此故也。可上可下,不骄不忧,所谓无
咎也。

九四曰"或跃在渊,无咎",何谓也? 子曰:"上下无常,
非为邪也。进退无恒,非离群也。君子进德修业,欲及
时也,故'无咎'。"

离,去声。内卦以德学言,外卦以时位言。"进德修业",九三备
矣,此则欲其及时而进也。

九五曰"飞龙在天,利见大人",何谓也? 子曰:"同声相
应,同气相求;水流湿,火就燥,云从龙,风从虎;圣人作
而万物睹;本乎天者亲上,本乎地者亲下,则各从其
类也。"

应,去声。作,起也。物,犹人也。睹,释"利见"之意也。"本乎
天"者,谓动物;"本乎地"者,谓植物,物各从其类。圣人,人类之
首也。故兴起于上,则人皆见之。

上九曰"亢龙有悔",何谓也? 子曰:"贵而无位,高而无
民,贤人在下位而无辅,是以动而'有悔'也。"

"贤人在下位",谓九五以下。"无辅",以上九过高志满,不来辅助
之也。

此第二节,申象传之意。

"潜龙勿用",下也。

"见龙在田",时舍也。

舍,音舍。言未为时用也。

"终日乾乾",行事也。

"或跃在渊",自试也。

未遽有为,姑试其可。

"飞龙在天",上治也。

治,平声。居上以治下。

"亢龙有悔",穷之灾也。

乾元"用九",天下治也。

治,去声。言"乾元用九",见与他卦不同。君道刚而能柔,天下无
不治矣。

此第三节,再申前意。

"潜龙勿用",阳气潜藏。

"见龙在田",天下文明。

虽不在上位,然天下已被其化。

"终日乾乾",与时偕行。

时,当然也。

"或跃在渊",乾道乃革。

离下而上,变革之时。

"飞龙在天",乃位乎天德。

天德,即天位也。盖唯有是德,乃宜居是位,故以名之。

"亢龙有悔",与时偕极。

乾元"用九",乃见天则。

刚而能柔,天之法也。

此第四节,又申前意。

"乾元"者,始而亨者也。

始则必亨,理势然也。

"利贞"者,性情也。

收敛归藏,乃见性情之实。

乾始能以美利利天下,不言所利,大矣哉!

始者,元而亨也。"利天下"者,利也。"不言所利"者,贞也。或曰:坤利牝马,则言所利矣。

大哉乾乎! 刚健中正,纯粹精也。

刚以体言;健兼用言;中者,其行无过不及;正者,其立不偏。四者乾之德也。纯者,不杂于阴柔;粹者,不杂于邪恶。盖刚健中正之至极而精者,又纯粹之至极也。或疑乾刚无柔,不得言中正者,不然也。天地之间,本一气之流行而有动静尔。以其流行之统体而言,则但谓之乾而无所不包矣;以其动静分之,然后有阴阳刚柔之别也。

六爻发挥,旁通情也。

旁通,犹言曲尽。

时乘六龙,以御天也。云行雨施,天下平也。

言圣人时乘六龙以御天,则如天之云行雨施,而天下平也。

此第五节,复申首章之意。

君子以成德为行,日可见之行也。"潜"之为言也,隐而未见,行而未成,是以君子弗"用"也。

行,并去声;"未见"之见,音现。成德,已成之德也。初九固成德,但其行未可见尔。

君子学以聚之,问以辨之,宽以居之,仁以行之。易曰"见龙在田,利见大人",君德也。

盖由四者以成大人之德,再言"君德",以深明九二之为大人也。

九三重刚而不中,上不在天,下不在田,故"乾乾"因其时而"惕",虽危,"无咎"矣。

重,平声。下同。重刚,谓阳爻阳位。

九四重刚而不中,上不在天,下不在田,中不在人,故"或"之。或之者,疑之也,故"无咎"。

九四非重刚,"重"字疑衍。"在人",谓三。"或"者,随时而未定也。

夫"大人"者,与天地合其德,与日月合其明,与四时合其序,与鬼神合其吉凶。先天而天弗违,后天而奉天时。天且弗违,而况于人乎?况于鬼神乎?

夫,音扶;先、后,并去声。"大人",即释爻辞所"利见"之"大人"也。有是德而当其位,乃可以当之。人与天地鬼神本无二理,特蔽于有我之私,是以梏于形体而不能相通。大人无私,以道为体,曾何彼此先后之可言哉?先天不违,谓意之所为,默与道契;后天、奉天,谓知理如是,奉而行之。回纥谓郭子仪曰:"卜者言此行当见一大人而还。"其占盖与此合。若子仪者,虽未及乎夫子之所论,然其至公无我,亦可谓当时之大人矣。

"亢"之为言也,知进而不知退,知存而不知亡,知得而不知丧。

丧,去声。所以"动而有悔"也。

其唯圣人乎? 知进退存亡,而不失其正者,其唯圣人乎?

知其理势如是而处之以道,则不至于"有悔"矣。固非计私以避害者也。再言"其唯圣人乎",始若设问,而卒自应之也。

此第六节,复申第二、第三、第四节之意。

坤

▦(坤下坤上)坤:元亨,利牝马之贞。君子有攸往,先迷,后得,主利。西南得朋,东北丧朋。安贞吉。

牝,频忍反;丧,去声。▪▪者,耦也,阴之数也。坤者,顺也,阴之性也。注中者,三画卦之名;经中者,六画卦之名。阴之成形,莫大于地。此卦三画皆耦,故名坤而象地,重之又得坤焉。则是阴之纯,顺之至,故其名与象皆不易也。牝马,顺而健行者。阳先阴后,阳主义,阴主利。西南,阴方;东北,阳方。安,顺之为也。贞,健之守也。遇此卦者,其占为大亨,而利以顺健为正,如有所往,则先迷后得而主于利。往西南则得朋,往东北则丧朋。大抵能安于正则吉也。

彖曰:至哉坤元,万物资生,乃顺承天。

此以地道明坤之义,而首言元也。至,极也,比"大"义差缓。始者,气之始;生者,形之始。顺承天施,地之道也。

坤厚载物,德合无疆;含弘光大,品物咸亨。

疆,居良反,下同。言亨也。德合无疆,谓配乾也。

"牝马"地类,行地无疆。柔顺利贞,君子攸行。

言利贞也。马,乾之象,而以为地类者。牝,阴物,而马又行地之
物也。行地无疆,则顺而健矣。柔顺利贞,坤之德也。君子攸行,
人之所行如坤之德也。所行如是,则其占如下文所云也。

先迷失道,后顺得常。"西南得朋",乃与类行。"东北丧朋",乃终有庆。

阳大阴小,阳得兼阴,阴不得兼阳,故坤之德,常减于乾之半也。
东北虽丧朋,然反之西南,则终有庆矣。

安贞之吉,应地无疆。

安而且贞,地之德也。

象曰:地势坤,君子以厚德载物。

地,坤之象,亦一而已,故不言重而言其势之顺,则见其高下相因
之无穷,至顺极厚而无所不载也。

初六,履霜,坚冰至。

六,阴爻之名。阴数六老而八少,故谓阴爻为六也。霜,阴气所
结,盛则水冻而为冰。此爻阴始生于下,其端甚微,而其势必盛,
故其象如履霜,则知坚冰之将至也。夫阴阳者,造化之本,不能相
无,而消长有常,亦非人所能损益也。然阳主生,阴主杀,则其类
有淑慝之分焉。故圣人作易,于其不能相无者,既以健顺仁义之
属明之,而无所偏主。至其消长之际,淑慝之分,则未尝不致其扶
阳抑阴之意焉。盖所以赞化育而参天地者,其旨深矣。不言其占
者,谨微之意,已可见于象中矣。

象曰:"履霜"、"坚冰",阴始凝也;驯致其道,至坚冰也。

> 凝,鱼陵反;驯,似遵反。按:魏志作"初六履霜",今当从之。驯,顺习也。

六二,直方大,不习无不利。

> 柔顺正固,坤之直也。赋形有定,坤之方也。德合无疆,坤之大也。六二柔顺而中正,又得坤道之纯者。故其德内直外方而又盛大,不待学习而无不利。占者有其德,则其占如是也。

象曰:六二之动,"直"以"方"也。"不习无不利",地道光也。

六三,含章可贞;或从王事,无成有终。

> 六阴三阳,内含章美,可贞以守。然居下之上,不终含藏,故或时出而从上之事,则始虽无成,而后必有终。爻有此象,故戒占者有此德,则如此占也。

象曰:"含章可贞",以时发也;"或从王事",知光大也。

> 知,音智。

六四,括囊,无咎无誉。

> 括,古活反。誉,音余,又音预。括囊,言结囊口而不出也。誉者,过实之名。谨密如是,则无咎而亦无誉矣。六四重阴不中,故其象占如此。盖或事当谨密,或时当隐遁也。

象曰:"括囊无咎",慎不害也。

六五,黄裳,元吉。

> 黄,中色。裳,下饰。六五以阴居尊,中顺之德充诸内而见于外,故其象如此,而其占为大善之吉也。占者德必如是,则其占亦如是矣。春秋传:南蒯将叛,筮得此爻,以为大吉。子服惠伯曰:"忠

信之事则可,不然必败。外强内温,忠也。和以率贞,信也。故曰'黄裳元吉'。黄,中之色也。裳,下之饰也。元,善之长也。中不忠,不得其色;下不共,不得其饰;事不善,不得其极。"且夫易不可以占险。三者有阙,筮虽当,未也。后蒯果败,此可以见占法矣。

象曰:"黄裳元吉",文在中也。

文在中而见于外也。

上六,龙战于野,其血玄黄。

阴盛之极,至与阳争,两败俱伤,其象如此。占者如是,其凶可知。

象曰:"龙战于野",其道穷也。

用六,利永贞。

用六,言凡筮得阴爻者,皆用六而不用八,亦通例也。以此卦纯阴而居首,故发之。遇此卦而六爻俱变者,其占如此辞。盖阴柔而不能固守,变而为阳,则能永贞矣。故戒占者以利永贞,即乾之利贞也。自坤而变,故不足于元亨云。

象曰:用六"永贞",以大终也。

初阴后阳,故曰大终。

文言曰:坤至柔而动也刚,至静而德方。

刚、方,释"牝马之贞"也。方,谓生物有常。

后得主而有常,

程传曰:"主"下当有"利"字。

含万物而化光。

复明"亨"义。

坤道其顺乎! 承天而时行。

复明"顺承天"之义。此以上,申彖传之意。

积善之家，必有余庆。积不善之家，必有余殃。臣弑其君，子弑其父，非一朝一夕之故，其所由来者渐矣！由辩之不早辩也。易曰"履霜，坚冰至"，盖言顺也。

古字顺、慎通用。按：此当作慎，言当辩之于微也。

直，其正也，方，其义也。君子敬以直内，义以方外，敬义立而德不孤。"直方大，不习无不利"，则不疑其所行也。

此以学而言之也。正，谓本体。义，谓裁制。敬，则本体之守也。直内方外，程传备矣。不孤，言大也。疑故习而后利，不疑则何假于习？传曰："直"言其正也，"方"言其义也。君子主敬以直其内，守义以方其外，敬立而内直，义形而外方。义形于外，非在外也，敬义既立，其德盛矣。不期大而大矣。德不孤也，无所用而不周，无所施而不利，孰为疑乎？

阴虽有美，含之以从王事，弗敢成也。地道也，妻道也，臣道也。地道"无成"，而代"有终"也。

天地变化，草木蕃；天地闭，贤人隐。易曰："括囊，无咎无誉。"盖言谨也。

君子黄中通理，

黄中，言中德在内。释"黄"字之义也。

正位居体，

虽在尊位，而居下体，释"裳"字之义也。

美在其中，而畅于四支，发于事业，美之至也！

"美在其中"，复释"黄中"；"畅于四支"，复释"居体"。

阴疑于阳必战,为其嫌于无阳也,故称"龙"焉;犹未离其类也,故称"血"焉。夫"玄黄"者,天地之杂也。天玄而地黄。

> 为,于伪反。离,力智反。夫,音扶。疑,谓钧敌而无小大之差也。坤虽无阳,然阳未尝无也。血,阴属。盖气阳而血阴也。玄、黄,天地之正色,言阴阳皆伤也。此以上,申象传之意。

屯

☳☵(震下坎上)**屯:元亨,利贞;勿用有攸往,利建侯。**

> 屯,张伦反。震、坎,皆三画卦之名。震,一阳动于二阴之下,故其德为动,其象为雷。坎,一阳陷于二阴之间,故其德为陷、为险,其象为云、为雨、为水。屯,六画卦之名也,难也,物始生而未通之意,故其为字,象屮穿地始出而未申也。其卦以震遇坎,乾坤始交而遇险陷,故其名为屯。震动在下,坎险在上,是能动乎险中。能动虽可以亨,而在险则宜守正,而未可遽进。故筮得之者,其占为大亨而利于正,但未可遽有所往耳。又初九,阳居阴下,而为成卦之主,是能以贤下人,得民而可君之象。故筮立君者,遇之则吉也。

象曰:屯,刚柔始交而难生。

> 难,去声。六二象同。以二体释卦名义。始交,谓震;难生,谓坎。

动乎险中,大亨贞。

> 以二体之德释卦辞。动,震之为也;险,坎之地也。自此以下,释"元亨利贞",乃用文王本意。

雷雨之动满盈,天造草昧。宜建侯而不宁。

以二体之象释卦辞。雷,震象;雨,坎象。天造,犹言天运。草,杂
乱;昧,晦冥也。阴阳交而雷雨作,杂乱晦冥,塞乎两间。天下未
定,名分未明,宜立君以统治,而未可遽谓安宁之时也。不取初九
爻义者,取义多端,姑举其一也。

象曰:云雷,屯,君子以经纶。

坎不言水而言云者,未通之意。经纶,治丝之事,经引之、纶理之
也。屯难之世,君子有为之时也。

初九,磐桓,利居贞,利建侯。

磐,步干反。磐桓,难进之貌。屯难之初,以阳在下,又居动体,而
上应阴柔险陷之爻,故有磐桓之象。然居得其正,故其占利于居
贞。又本成卦之主,以阳下阴,为民所归,侯之象也。故其象又如
此,而占者如是,则利建以为侯也。

象曰:虽磐桓,志行正也;以贵下贱,大得民也。

下,遐嫁反。

六二,屯如邅如,乘马班如,匪寇婚媾。女子贞不字,十年乃字。

邅,张连反。乘,绳澄反,又音绳。班,分布不进之貌。字,许嫁
也。礼曰:“女子许嫁,笄而字。”六二,阴柔中正,有应于上,而乘
初刚,故为所难而邅回不进。然初非为寇也,乃求与己为婚媾耳。
但己守正,故不之许,至于十年。数穷理极,则妄求者去,正应者
合,而可许矣。爻有此象,故因以戒占者。

象曰:六二之难,乘刚也。“十年乃字”,反常也。

六三,即鹿无虞,惟入于林中;君子几,不如舍,往吝。

几,音机。舍,音舍,象同。阴柔居下,不中不正,上无正应,妄行取困,为逐鹿无虞陷入林中之象。君子见几,不如舍去。若往逐而不舍,必致羞吝,戒占者宜如是也。

象曰:"即鹿无虞",以从禽也。君子舍之;"往吝",穷也。

六四,乘马班如,求婚媾,往吉,无不利。

阴柔居屯,不能上进,故为"乘马班如"之象。然初九守正居下,以应于己,故其占为下"求婚媾"则吉也。

象曰:"求"而"往",明也。

九五,屯其膏。小贞吉,大贞凶。

九五虽以阳刚中正居尊位,然当屯之时,陷于险中,虽有六二正应,而阴柔才弱,不足以济。初九得民于下,众皆归之。九五坎体,有膏润而不得施,为屯其膏之象。占者以处小事,则守正犹可获吉;以处大事,则虽正而不免于凶。

象曰:"屯其膏",施未光也。

施,始豉反。

上六,乘马班如,泣血涟如。

阴柔无应,处屯之终。进无所之,忧惧而已,故其象如此。

象曰:泣血涟如,何可长也?

长,直良反。

蒙

䷃(坎下艮上)蒙:亨。匪我求童蒙,童蒙求我。初筮告,再

三渎,渎则不告。利贞。

告,音谷。三,息暂反。渎,音独。艮,亦三画卦之名,一阳止于二阴之上,故其德为止,其象为山。蒙,昧也,物生之初,蒙昧未明也。其卦以坎遇艮,山下有险,蒙之地也。内险外止,蒙之意也,故其名为蒙。亨以下,占辞也。九二内卦之主,以刚居中,能发人之蒙者,而与六五阴阳相应,故遇此卦者,有亨道也。我,二也。童蒙,幼稚而蒙昧,谓五也。筮者明,则人当求我,而其亨在人;筮者暗,则我当求人,而亨在我。人求我者,当视其可否而应之;我求人者,当致其精一而扣之。而明者之养蒙,与蒙者之自养,又皆利于以正也。

彖曰:蒙,山下有险,险而止,蒙。

以卦象、卦德释卦名,有两义。

"蒙亨",以亨行,时中也。"匪我求童蒙,童蒙求我",志应也。"初筮告",以刚中也。"再三渎,渎则不告",渎蒙也。蒙以养正,圣功也。

以卦体释卦辞也,九二以可亨之道,发人之蒙,而又得其时之中,谓如下文所指之事,皆以亨行而当其可也。"志应"者,二刚明,五柔暗,故二不求五而五求二,其志自相应也。"以刚中"者,以刚而中,故能告而有节也。渎,筮者二三,则问者固渎,而告者亦渎矣。蒙以养正,乃作圣之功,所以释"利贞"之义也。

象曰:山下出泉,蒙;君子以果行育德。

行,下孟反,六三象同。泉,水之始出者,必行而有渐也。

初六,发蒙,利用刑人,用说桎梏;以往吝。

说,吐活反。桎,音质。梏,古毒反。以阴居下,蒙之甚也。占者遇此,当发其蒙。然发之之道,当痛惩而暂舍之,以观其后。若遂往而不舍,则致羞吝矣。戒占者当如是也。

象曰:利用刑人,以正法也。

发蒙之初,法不可不正,惩戒所以正法也。

九二,包蒙,吉。纳妇,吉;子克家。

九二以阳刚为内卦之主,统治群阴,当发蒙之任者。然所治既广,物性不齐,不可一概取必。而爻之德刚而不过,为能有所包容之象。又以阳受阴,为纳妇之象。又居下位而能任上事,为子克家之象。故占者,有其德而当其事,则如是而吉也。

象曰:"子克家",刚柔接也。

指二五之应。

六三,勿用取女,见金夫,不有躬,无攸利。

取,七具反。六三阴柔,不中不正,女之见金夫而不能有其身之象也。占者遇之,则其取女必得如是之人,无所利矣。金夫,盖以金赂己而挑之,若鲁秋胡之为者。

象曰:"勿用取女",行不顺也。

顺,当作慎,盖顺、慎古字通用。荀子"顺墨"作"慎墨",且"行不慎"于经意尤亲切,今当从之。

六四,困蒙,吝。

既远于阳,又无正应,为困于蒙之象。占者如是,可羞吝也。能求刚明之德而亲近之,则可免矣。

象曰:"困蒙"之"吝",独远实也。

远,于万反。实,叶韵,去声。

六五,童蒙,吉。

柔中居尊,下应九二,纯一未发,以听于人,故其象为童蒙,而其占
为如是则吉也。

象曰:"童蒙"之"吉",顺以巽也。

上九,击蒙;不利为寇,利御寇。

以刚居上,治蒙过刚,故为击蒙之象。然取必太过,攻治太深,则
必反为之害。惟捍其外诱以全其真纯,则虽过于严密,乃为得宜。
故戒占者如此。凡事皆然,不止为诲人也。

象曰:"利"用"御寇",上下顺也。

御寇以刚,上下皆得其道。

需

☵(乾下坎上)需:有孚,光亨,贞吉,利涉大川。

需,待也。以乾遇坎,乾健坎险,以刚遇险,而不遽进以陷于险,待
之义也。孚,信之在中者也。其卦九五以坎体中实,阳刚中正而
居尊位,为有孚得正之象。坎水在前,乾健临之,将涉水而不轻进
之象。故占者为有所待,而能有信,则"光亨"矣。若又得正,则
吉,而"利涉大川"。正固无所不利,而涉川尤贵于能待,则不欲速
而犯难也。

彖曰:"需",须也。险在前也,刚健而不陷,其义不困
穷矣。

此以卦德释卦名义。

"需,有孚,光亨,贞吉",位乎天位,以正中也。"利涉大
川",往有功也。

以卦体及两象释卦辞。

象曰：云上于天，需；君子以饮食宴乐。

上，上声。乐，音洛。云上于天，无所复为，待其阴阳之和而自雨尔。事之当需者，亦不容更有所为。但饮食宴乐，俟其自至而已，一有所为，则非需也。

初九，需于郊，利用恒，无咎。

郊，旷远之地，未近于险之象也。而初九阳刚，又有能恒于其所之象。故戒占者能如是则无咎也。

象曰："需于郊"，不犯难行也；"利用恒，无咎"，未失常也。

难，去声。

九二，需于沙，小有言；终吉。

沙，则近于险矣。言语之伤，亦灾害之小者，渐进近坎，故有此象。刚中能需，故得"终吉"，戒占者当如是也。

象曰："需于沙"，衍在中也；虽"小有言"，以"吉""终"也。

衍，以善反。衍，宽意。以宽居中，不急进也。

九三，需于泥，致寇至。

泥，将陷于险矣。寇，则害之大者。九三去险愈近而过刚不中，故其象如此。

象曰："需于泥"，灾在外也；自我"致寇"，敬慎不败也。

外，谓外卦。"敬慎不败"，发明占外之占，圣人示人之意切矣。

六四，需于血，出自穴。

血者，杀伤之地。穴者，险陷之所。四交坎体，入乎险矣，故为"需

于血"之象。然柔得其正,需而不进,故又为"出自穴"之象。占者
如是,则虽在伤地而终得出也。

象曰:"需于血",顺以听也。

九五,需于酒食,贞吉。

酒食,宴乐之具,言安以待之。九五阳刚中正,需于尊位,故有此
象。占者如是而贞固,则得吉也。

象曰:"酒食,贞吉",以中正也。

上六,入于穴,有不速之客三人来;敬之,终吉。

阴居险极,无复有需,有陷而入穴之象。下应九三,九三与下二阳
需极并进,为不速客三人之象。柔不能御而能顺之,有敬之之象。
占者当陷险中,然于非意之来,敬以待之,则得"终吉"也。

象曰:"不速之客"来,"敬之,终吉",虽不当位,未大
失也。

当,都浪反,后凡言当位不当位者仿此。以阴居上,是为当位,言
不当位,未详。

讼

☰(坎下乾上)讼:有孚,窒惕,中吉;终凶。利见大人,不利
涉大川。

窒,张栗反。讼,争辩也。上乾下坎,乾刚坎险,上刚以制其下,下
险以伺其上。又为内险而外健,又为己险而彼健,皆讼之道也。
九二中实,上无应与,又为加忧,且于卦变自遁而来,为刚来居二,
而当下卦之中,有"有孚"而见窒,能惧而得中之象。上九过刚,居

讼之极,有终极其讼之象。九五刚健中正,以居尊位,有"大人"之象。以刚乘险,以实履陷,有"不利涉大川"之象。故戒占者必有争辩之事,而随其所处为吉凶也。

象曰:讼,上刚下险,险而健,讼。

以卦德释卦名义。

"讼:有孚,窒惕,中吉",刚来而得中也。"终凶",讼不可成也。"利见大人",尚中正也。"不利涉大川",入于渊也。

以卦变、卦体、卦象释卦辞。

象曰:天与水违行,讼;君子以作事谋始。

天上水下,其行相违。作事谋始,讼端绝矣。

初六,不永所事,小有言,终吉。

阴柔居下,不能终讼,故其象占如此。

象曰:"不永所事",讼不可长也;虽"小有言",其辩明也。

九二,不克讼,归而逋,其邑人三百户,无眚。

逋,补吴反。眚,生领反。九二阳刚,为险之主,本欲讼者也。然以刚居柔,得下之中而上应九五,阳刚居尊,势不可敌,故其象占如此。"邑人三百户",邑之小者,言自处卑约以免灾患,占者如是,则"无眚"矣。

象曰:"不克讼",归逋窜也;自下讼上,患至掇也。

窜,七乱反。掇,都活反。掇,自取也。

六三,食旧德,贞厉,终吉;或从王事,无成。

食,犹食邑之食,言所享也。六三阴柔,非能讼者,故守旧居正,则虽危而终吉。然或出而从上之事,则亦必无成功,占者守常而不出则善也。

象曰:"食旧德",从上吉也。

"从上吉",谓随人则吉。明自主事,则无成功也。

九四,不克讼;复即命,渝,安贞,吉。

渝,以朱反。即,就也。命,正理也。渝,变也。九四刚而不中,故有讼象。以其居柔,故又为不克,而复就正理,渝变其心,安处于正之象,占者如是则吉也。

象曰:"复即命,渝","安贞"不失也。

九五,讼,元吉。

阳刚中正,以居尊位,听讼而得其平者也。占者遇之,讼而有理,必获伸矣。

象曰:"讼,元吉",以中正也。

中,则听不偏;正,则断合理。

上九,或锡之鞶带,终朝三褫之。

褫,敕纸反。鞶带,命服之饰。褫,夺也。以刚居讼极,终讼而能胜之,故有锡命受服之象。然以讼得之,岂能安久?故又有终朝三褫之象。其占为终讼无理而或取胜,然其所得,终必失之,圣人为戒之意深矣。

象曰:以讼受服,亦不足敬也。

师

䷆(坎下坤上)**师:贞,丈人吉,无咎。**

师,兵众也。下坎上坤,坎险坤顺,坎水坤地,古者寓兵于农,伏至险于大顺,藏不测于至静之中。又卦唯九二一阳,居下卦之中,为将之象。上下五阴顺而从之,为众之象。九二以刚居下而用事,六五以柔居上而任之,为人君命将出师之象,故其卦之名曰师。丈人,长老之称。用师之道,利于得正,而任老成之人,乃得吉而无咎。戒占者亦必如是也。

彖曰:师,众也;贞,正也。能以众正,可以王矣。

王,往况反。此以卦体释"师:贞"之义。以,谓能左右之也。一阳在下之中,而五阴皆为所以也。能以众正,则王者之师矣。

刚中而应,行险而顺,以此毒天下,而民从之,"吉"又何"咎"矣!

又以卦体、卦德释"丈人吉,无咎"之义。刚中,谓九二。应,谓六五应之。行险,谓行危道。顺,谓顺人心。此非有老成之德者不能也。毒,害也。师旅之兴,不无害于天下。然以其有是才德,是以民悦而从之也。

彖曰:地中有水,师;君子以容民畜众。

畜,许六反。水不外于地,兵不外于民,故能养民,则可以得众矣。

初六,师出以律,否臧凶。

律,法也。否臧,谓不善也。晁氏曰:"否字,先儒多作不。"是也。在卦之初,为师之始,出师之道,当谨其始,以律则吉,不臧则凶。戒占者当谨始而守法也。

彖曰:"师出以律",失律"凶"也。

九二,在师,中吉,无咎;王三锡命。

九二在下,为众阴所归,而有刚中之德,上应于五,而为所宠任,故其象占如此。

象曰："在师,中吉",承天宠也;"王三锡命",怀万邦也。

六三,师或舆尸,凶。

舆尸,谓师徒挠败,舆尸而归也。以阴居阳,才弱志刚,不中不正,而犯非其分,故其象占如此。

象曰："师或舆尸",大无功也。

六四,师左次,无咎。

左次,谓退舍也。险柔不中,而居阴得正,故其象如此。全师以退,贤于六三远矣,故其占如此。

象曰："左次,无咎",未失常也。

知难而退,师之常也。

六五,田有禽,利执言,无咎;长子帅师,弟子舆尸,贞凶。

长,之丈反。六五,用师之主,柔顺而中,不为兵端者也。敌加于己,不得已而应之,故为"田有禽"之象,而其占利以搏执而无咎也。言,语辞也。长子,九二也;弟子,三四也。又戒占者专于委任。若使君子任事,而又使小人参之,则是使之舆尸而归,故虽贞而亦不免于凶也。

象曰："长子帅师",以中行也;"弟子舆尸",使不当也。

当,去声。

上六,大君有命,开国承家,小人勿用。

师之终,顺之极,论功行赏之时也。坤为土,故有开国承家之象。然小人则虽有功,亦不可使之得有爵土,但优以金帛可也。戒行赏之人于小人则不可用此占,而小人遇之亦不得用此爻也。

象曰："大君有命",以正功也;"小人勿用",必乱邦也。

圣人之戒深矣。

比

〓（坤下坎上）比：吉。原筮，元永贞，无咎。不宁方来，后夫凶。

比，毗意反。比，亲辅也。九五以阳刚居上之中而得其正，上下五阴，比而从之，以一人而抚万邦，以四海而仰一人之象。故筮者得之，则当为人所亲辅。然必再筮以自审，有元善长永正固之德，然后可以当众之归而无咎。其未比而有所不安者，亦将皆来归之，若又迟而后至，则此交已固，彼来已晚，而得凶矣。若欲比人，则亦以是而反观之耳。

彖曰：比，吉也；

此三字，疑衍文。

比，辅也，下顺从也。

此以卦体释卦名义。

"原筮，元永贞，无咎"，以刚中也。"不宁方来"，上下应也；"后夫凶"，其道穷也。

亦以卦体释卦辞。"刚中"，谓五。"上下"，谓五阴。

象曰：地上有水，比；先王以建万国，亲诸侯。

地上有水，水比于地，不容有间。建国亲侯，亦先王所以比于天下而无间者也。彖意人来比我，此取我往比人。

初六，有孚比之，无咎；有孚盈缶，终来有他吉。

缶，俯九反。他，汤何反。比之初，贵乎有信，则可以无咎矣。若其充实,则又有他吉也。

象曰:比之初六,"有他吉"也。

六二,比之自内,贞吉。

柔顺中正,上应九五。自内比外而得其贞,吉之道也。占者如是,则正而吉矣。

象曰:"比之自内",不自失也。

得正则"不自失"矣。

六三,比之匪人。

阴柔不中正,承乘应皆阴,所比皆非其人之象,其占大凶,不言可知。

象曰:"比之匪人",不亦伤乎?

六四,外比之,贞吉。

以柔居柔,外比九五,为得其正,吉之道也。占者如是,则正而吉矣。

象曰:"外比"于贤,以从上也。

九五,显比;王用三驱,失前禽,邑人不诫,吉。

一阳居尊,刚健中正,卦之群阴皆来比己。显其比而无私,如天子不合围,开一面之网,来者不拒,去者不追,故为"用三驱,失前禽"而"邑人不诫"之象。盖虽私属,亦喻上意,不相警备以求必得也。凡此皆吉之道,占者如是则吉也。

象曰:"显比"之吉,位正中也。舍逆取顺,"失前禽"也。"邑人不诫",上使中也。

舍,音捨。由上之德,使不偏也。

上六,比之无首,凶。

阴柔居上,无以比下,凶之道也,故为无首之象,而其占则凶也。

象曰:"比之无首",无所终也。

以上下之象言之,则为无首。以终始之象言之,则为无终。无首
则无终矣。

小畜

☰(乾下巽上)小畜:亨,密云不雨,自我西郊。

畜,敕六反,大畜卦同。巽,亦三画卦之名,一阴伏于二阳之下,故
其德为巽、为入,其象为风、为木。小,阴也;畜,止之之义也。上
巽下乾,以阴畜阳。又卦唯六四一阴,上下五阳皆为所畜,故为
"小畜"。又以阴畜阳,能系而不能固,亦为所畜者小之象。内健
外巽,二五皆阳,各居一卦之中,而用事有刚而能中,其志得行之
象。故其占当得亨通。然畜未极而施未行,故有"密云不雨,自我
西郊"之象。盖"密云",阴物;"西郊",阴方;"我"者,文王自我
也。文王演易于羑里,视岐周为西方,正"小畜"之时也。筮者得
之,则占亦如其象云。

象曰:"小畜",柔得位而上下应之,曰小畜。

以卦体释卦名义。"柔得位",指六居四;"上下",谓五阳。

健而巽,刚中而志行,乃"亨"。

以卦德、卦体而言,阳犹可亨也。

"密云不雨",尚往也;"自我西郊",施未行也。

施,始豉反。尚往,言畜之未极,其气犹上进也。

象曰:风行天上,小畜;君子以懿文德。

风有气而无质,能畜而不能久,故为小畜之象。"懿文德",言未能厚积而远施也。

初九,复自道,何其咎?吉。

复,芳六反,二爻同。下卦乾体,本皆在上之物,志欲上进而为阴所畜。然初九体乾,居下得正,前远于阴,虽与四为正应,而能自守以正,不为所畜,故有进"复自道"之象。占者如是,则无咎而吉也。

象曰:"复自道",其义"吉"也。

九二,牵复,吉。

三阳志同,而九二渐进于阴,以其刚中,故能与初九牵连而复,亦吉道也。占者如是,则吉矣。

象曰:"牵复"在中,亦不自失也。

"亦"者承上爻义。

九三,舆说辐,夫妻反目。

说,吐活反。九三亦欲上进,然刚而不中,迫近于阴,而又非正应,但以阴阳相说,而为所系畜,不能自进,故有"舆说辐"之象。然以志刚,故又不能平而与之争,故又为"夫妻反目"之象。戒占者如是,则不得进而有所争也。

象曰:"夫妻反目",不能正室也。

程子曰:"'说辐'、'反目',三自为也。"

六四,有孚;血去惕出,无咎。

去,上声。以一阴畜众阳,本有伤害忧惧,以其柔顺得正,虚中巽体,二阳助之,是"有孚"而"血去惕出"之象也,"无咎"宜矣。故戒占者亦有其德则无咎也。

象曰："有孚""惕出",上合志也。

九五,有孚挛如,富以其邻。

> 挛,力专反。巽体三爻,同力畜乾,邻之象也。而九五居中处尊,
> 势能有为以兼乎上下,故为"有孚挛如",用富厚之力而以其邻之
> 象。以,犹春秋"以某师"之"以",言能左右之也。占者"有孚",
> 则能如是也。

象曰："有孚挛如",不独富也。

上九,既雨既处,尚德载;妇贞厉,月几望;君子征凶。

> 几,音机,归妹卦同。畜极而成,阴阳和矣。故为"既雨既处"之
> 象。盖尊尚阴德,至于积满而然也。阴加于阳,故虽正亦厉。然
> 阴既盛而抗阳,则君子亦不可以有行矣。其占如此,为戒深矣。

象曰："既雨既处","德"积"载"也。"君子征凶",有所
疑也。

履

≡(兑下乾上)**履虎尾,不咥人,亨。**

> 咥,直结反。兑,亦三画卦之名,一阴见于二阳之上,故其德为说,
> 其象为泽。履,有所蹑而进之义也。以兑遇乾,和说以蹑刚强之
> 后,有"履虎尾"而不见伤之象。故其卦为履,而占如是也。人能
> 如是,则处危而不伤矣。

象曰："履",柔履刚也。

> 以二体释卦名义。

说而应乎乾,是以"履虎尾,不咥人,亨"。

说,音悦。以卦德释彖辞。

刚中正,履帝位而不疚,光明也。

又以卦体明之,指九五也。

象曰:上天下泽,履;君子以辩上下,定民志。

程传备矣。传曰:天在上,泽居下,上下之正理也。人之所履当如
是,故取其象而为履。君子观履之象,以辩别上下之分,以定其民
志。夫上下之分明,然后民志有定。民志定,然后可以言治。民
志不定,天下不可得而治也。古之时,公卿大夫而下,位各称其
德,终身居之,得其分也。位未称德,则君举而进之。士修其学,
学至而君求之,皆非有预于己也。农工商贾勤其事,而所享有限,
故皆有定志,而天下之心可一。后世自庶士至于公卿,日志于尊
荣;农工商贾,日志于富侈。亿兆之心,交骛于利,天下纷然。如
之何其可一也? 欲其不乱,难矣。此由上下无定志也。君子观履
之象,而分辩上下,使各当其分以定民之心志也。

初九,素履,往,无咎。

以阳在下,居履之初,未为物迁,率其素履者也。占者如是则往而
无咎也。

象曰:"素履"之"往",独行愿也。

九二,履道坦坦,幽人贞吉。

刚中在下,无应于上,故为履道平坦、幽独守贞之象。幽人履道而
遇其占,则贞而吉矣。

象曰:"幽人贞吉",中不自乱也。

六三,眇能视,跛能履,履虎尾,咥人,凶;武人为于大君。

跛,波我反。六三不中不正,柔而志刚,以此履乾,必见伤害,故其

象如此。而占者凶,又为刚武之人得志而肆暴之象,如秦政、项
籍,岂能久也?

象曰:"眇能视",不足以有明也。"跛能履",不足以与
行也。"咥人"之"凶",位不当也。"武人为于大君",
志刚也。

九四,履虎尾,愬愬,终吉。

愬,山革反,音色。九四亦以不中不正,履九五之刚。然以刚居
柔,故能戒惧而得终吉。

象曰:"愬愬终吉",志行也。

九五,夬履,贞厉。

夬,古快反。九五以刚中正履帝位,而下以兑说应之,凡事必行,
无所疑碍,故其象为夬决其履。虽使得正,亦危道也。故其占为
虽正而危,为戒深矣。

象曰:"夬履,贞厉",位正当也。

伤于所恃。

上九,视履考祥,其旋元吉。

"视履"之终,以考其祥,周旋无亏,则得"元吉"。占者祸福,视其
所履而未定也。

象曰:"元吉"在上,大有庆也。

若得"元吉",则大有福庆也。

泰

䷊(乾下坤上)泰:小往大来,吉,亨。

泰,通也。为卦天地交而二气通,故为泰。正月之卦也。小,谓
阴;大,谓阳。言坤往居外,乾来居内。又自归妹来,则六往居四,
九来居三也。占者有阳刚之德,则"吉"而"亨"矣。

彖曰:"泰,小往大来,吉,亨",则是天地交而万物通也,
上下交而其志同也。内阳而外阴,内健而外顺,内君子
而外小人:君子道长,小人道消也。

　　长,丁丈反,否卦同。

象曰:天地交,泰;后以财成天地之道,辅相天地之宜,以
左右民。

　　财,裁同。相,息亮反。左,音佐。右,音佑。财成以制其过,辅相
　　以补其不及。

初九,拔茅茹,以其汇,征吉。

　　茹,人余反。汇,于位反,音胃,否卦同。三阳在下,相连而进,拔
　　茅连茹之象,征行之吉也。占者阳刚,则其征吉矣。郭璞洞林读
　　至"汇"字绝句,下卦放此。

象曰:"拔茅""征吉",志在外也。

九二,包荒,用冯河,不遐遗;朋亡,得尚于中行。

　　冯,音凭。九二以刚居柔,在下之中,上有六五之应,主乎泰而得
　　中道者也。占者能包容荒秽而果断刚决,不遗遐远而不昵朋比,
　　则合乎此爻中行之道矣。

象曰:"包荒","得尚于中行",以光大也。

九三,无平不陂,无往不复;艰贞无咎,勿恤其孚,于食
有福。

　　将过于中,泰将极而否欲来之时也。恤,忧也。孚,所期之信也。

戒占者艰难守贞,则无咎而有福。

象曰:"无往不复",天地际也。

六四,翩翩,不富,以其邻,不戒以孚。

已过乎中,泰已极矣。故三阴翩然而下复,不待富而其类从之,不待戒令而信也。其占为有小人合交以害正道,君子所当戒也。阴虚阳实,故凡言不富者,皆阴爻也。

象曰:"翩翩,不富",皆失实也。"不戒以孚",中心愿也。

阴本居下,在上为失实。

六五,帝乙归妹,以祉元吉。

以阴居尊,为泰之主。柔中虚己,下应九二,吉之道也。而"帝乙归妹"之时,亦尝占得此爻。占者如是,则有祉而元吉矣。凡经以古人为言,如高宗、箕子之类者皆放此。

象曰:"以祉元吉",中以行愿也。

上六,城复于隍;勿用师,自邑告命,贞吝。

复,房六反,下同。泰极而否,"城复于隍"之象。戒占者不可力争,但可自守。虽得其贞,亦不免于羞吝。

象曰:"城复于隍",其命乱也。

"命乱"故复否,"告命",所以治之也。

否

☲(坤下乾上)否之匪人,不利君子贞,大往小来。

否,备鄙反。否,闭塞也,七月之卦也。正与泰反,故曰"匪人",谓非人道也,其占不利于君子之正道。盖乾往居外,坤来居内。又自渐卦而来,则九往居四,六来居三也。或疑"之匪人"三字衍文,由比六三而误也,传不特解,其义亦可见。

彖曰:"否之匪人,不利君子贞,大往小来",则是天地不交而万物不通也,上下不交而天下无邦也。内阴而外阳,内柔而外刚,内小人而外君子:小人道长,君子道消也。

象曰:天地不交,否;君子以俭德辟难,不可荣以禄。

辟,音避。难,去声。收敛其德,不形于外,以避小人之难,人不得以禄位荣之。

初六,拔茅茹,以其汇;贞吉,亨。

三阴在下,当否之时,小人连类而进之象。而初之恶则未形也,故戒其贞则吉而亨。盖能如是,则变而为君子矣。

象曰:"拔茅""贞吉",志在君也。

小人而变为君子,则能以爱君为念,而不计其私矣。

六二,包承,小人吉,大人否,亨。

阴柔而中正,小人而能包容承顺乎君子之象,小人之吉道也。故占者小人如是则吉,大人则当安守其否而后道亨。盖不可以彼"包承"于我而自失其守也。

象曰:"大人否,亨",不乱群也。

言不乱于小人之群。

六三,包羞。

以阴居阳而不中正,小人志于伤善而未能也,故为包羞之象。然以其未发,故无凶咎之戒。

象曰:"包羞",位不当也。

九四,有命无咎,畴离祉。

> 否,过中矣,将济之时也。九四以阳居阴,不极其刚,故其占为"有命无咎"。而畴类三阳,皆获其福也。命,谓天命。

象曰:"有命无咎",志行也。

九五,休否,大人吉;其亡其亡,系于苞桑。

> 苞,与包同,古易作"包"。阳刚中正以居尊位,能休时之。否,大人之事也,故此爻之占,大人遇之则吉。然又当戒惧,如系辞传所云也。

象曰:"大人"之"吉",位正当也。

上九,倾否,先否后喜。

> 以阳刚居否极,能倾时之否者也。其占为先否后喜。

象曰:否终则倾,何可长也!

同人

☰(离下乾上)同人于野,亨,利涉大川,利君子贞。

> 离,亦三画卦之名。一阴丽于二阳之间,故其德为丽、为文明,其象为火、为日、为电。同人,与人同也。以离遇乾,火上同于天。六二得位得中而上应九五。又卦唯一阴,而五阳同与之,故为同人。于野,谓旷远而无私也。有亨道矣,以健而行,故能涉川。为卦内文明而外刚健,六二中正而有应,则君子之道也。占者能如是,则亨而又可涉险。然必其所同合于君子之道,乃为利也。

象曰:"同人",柔得位得中而应乎乾,曰同人。

以卦体释卦名义。柔谓六二,乾谓九五。

同人曰:

衍文。

"同人于野,亨,利涉大川",乾行也。文明以健,中正而应。"君子",正也。唯君子为能通天下之志。

以卦德、卦体释卦辞。"通天下之志",乃为大同。不然,则是私情之合而已,何以致亨而利涉哉?

象曰:天与火,同人;君子以类族辨物。

天在上而火炎上,其性同也。"类族辨物",所以审异而致同也。

初九,同人于门,无咎。

同人之初,未有私主。以刚在下,上无系应,可以无咎,故其象占如此。

象曰:出门同人,又谁"咎"也!

六二,同人于宗,吝。

宗,党也。六二虽中且正,然有应于上,不能大同而系于私,吝之道也,故其象占如此。

象曰:"同人于宗","吝"道也。

九三,伏戎于莽,升其高陵,三岁不兴。

莽,莫荡反。刚而不中,上无正应,欲同于二而非其正。惧九五之见攻,故有此象。

象曰:"伏戎于莽",敌刚也;"三岁不兴",安行也?

言不能行。

九四,乘其墉,弗克攻,吉。

墉,音庸。刚不中正,又无应与,亦欲同于六二,而为三所隔,故为

“乘墉”以攻之象。然以刚居柔,故有自反而不克攻之象。占者如
是,则是能改过而得吉也。

象曰:“乘其墉”,义弗克也;其“吉”,则困而反则也。

“乘其墉”矣,则非其力之不足也,特以义之“弗克”而不攻耳。能
以义断,困而反于法则,故吉也。

九五,同人,先号咷,而后笑,大师克相遇。

号,户羔反;咷,道刀反,旅卦同。五刚中正,二以柔中正,相应于
下,同心者也。而为三四所隔,不得其同,然义理所同,物不得而
间之,故有此象。然六二柔弱而三四刚强,故必用大师以胜之,然
后得相遇也。

象曰:“同人”之“先”,以中直也。大师相遇,言相
“克”也。

直,谓理直。

上九,同人于郊,无悔。

居外无应,物莫与同,然亦可以无悔,故其象占如此。郊,在野之
内,未至于旷远,但荒僻无与同耳。

象曰:“同人于郊”,志未得也。

大有

(乾下离上)大有:元亨。

大有,所有之大也。离居乾上,火在天上,无所不照。又六五一阴
居尊得中,而五阳应之,故为大有。乾健离明,居尊应天,有亨之
道。占者有其德,则大善而亨也。

彖曰："大有"，柔得尊位大中，而上下应之，曰大有。

> 以卦体释卦名义。柔，谓六五；上下，谓五阳。

其德刚健而文明，应乎天而时行，是以"元亨"。

> 以卦德、卦体释卦辞。应天，指六五也。

象曰：火在天上，大有；君子以遏恶扬善，顺天休命。

> 火在天上，所照者广，为大有之象。所有既大，无以治之，则莠藜
> 萌于其间矣。天命有善而无恶，故遏恶扬善，所以顺天。反之于
> 身，亦若是而已矣。

初九，无交害，匪咎；艰则无咎。

> 虽当大有之时，然以阳居下，上无系应，而在事初，未涉乎害者也，
> 何咎之有？然亦必艰以处之，则无咎。戒占者宜如是也。

象曰：大有初九，"无交害"也。

九二，大车以载，有攸往，无咎。

> 刚中在下，得应乎上，为"大车以载"之象。有所往而如是，可以
> "无咎"矣。占者必有此德，乃应其占也。

象曰："大车以载"，积中不败也。

九三，公用亨于天子，小人弗克。

> 亨，春秋传作"享"，谓朝献也。古者"亨通"之亨，"享献"之享，
> "烹饪"之烹，皆作"亨"字。九三居下之上，公侯之象。刚而得
> 正，上有六五之君，虚中下贤，故为亨于天子之象。占者有其德，
> 则其占如是。小人无刚正之德，则虽得此爻，不能当也。

象曰："公用亨于天子"，小人害也。

九四，匪其彭，无咎。

> 彭，浦光反，音旁。彭字音义未详。**程传**曰："盛貌。"理或当然。

六五柔中之君,九四以刚近之,有僭逼之嫌。然以其处柔也,故有不极其盛之象,而得无咎。戒占者宜如是也。

象曰:"匪其彭,无咎",明辨晢也。

晢,明貌。

六五,厥孚交如,威如,吉。

大有之世,柔顺而中,以处尊位。虚己以应九二之贤,而上下归之,是其孚信之交也。然君道贵刚,太柔则废,当以威济之则吉。故其象占如此,亦戒辞也。

象曰:"厥孚交如",信以发志也;

一人之信,足以发上下之志也。

"威如"之"吉",易而无备也。

易,以豉反。太柔,则人将易之而无畏备之心。

上九,自天祐之,吉,无不利。

大有之世,以刚居上,而能下从六五,是能履信思顺而尚贤也,满而不溢,故其占如此。

象曰:大有上吉,"自天祐"也。

谦

䷎(艮下坤上)谦:亨,君子有终。

谦者,有而不居之义。止乎内而顺乎外,谦之意也。山至高而地至卑,乃屈而止于其下,谦之象也。占者如是,则亨通而有终矣。有终,谓先屈而后伸也。

象曰:"谦,亨",天道下济而光明,地道卑而上行。

上，时掌反。言谦之必亨。

天道亏盈而益谦，地道变盈而流谦，鬼神害盈而福谦，人道恶盈而好谦，谦尊而光，卑而不可逾，"君子"之"终"也。

恶，乌路反。好，呼报反。变，谓倾坏。流，谓聚而归之。人能谦，则其居尊者其德愈光，其居卑者人亦莫能过，此君子所以有终也。

象曰：地中有山，谦；君子以裒多益寡，称物平施。

裒，蒲侯反。称，尺证反。施，始豉反。以卑蕴高，谦之象也。"裒多益寡"，所以称物之宜而平其施，损高增卑以趣于平，亦谦之意也。

初六，谦谦君子，用涉大川，吉。

以柔处下，谦之至也，君子之行也。以此涉难，何往不济？故占者如是，则利以涉川也。

象曰："谦谦君子"，卑以自牧也。

六二，鸣谦，贞吉。

柔顺中正，以谦有闻，正而且吉者也，故其占如此。

象曰："鸣谦，贞吉"，中心得也。

九三，劳谦，君子有终，吉。

卦唯一阳，居下之上，刚而得正，上下所归，有功劳而能谦，尤人所难，故有终而吉。占者如是，则如其应矣。

象曰："劳谦君子"，万民服也。

六四，无不利，撝谦。

撝，呼回反，与挥同。柔而得正，上而能下，其占无不利矣。然居九三之上，故戒以更当发挥其谦，以示不敢自安之意也。

象曰："无不利,㧑谦",不违则也。

言不为过。

六五,不富以其邻,利用侵伐,无不利。

以柔居尊,在上而能谦者也。故为不富而能以其邻之象,盖从之
者众矣。犹有未服者,则利以征之,而于他事亦无不利。人有是
德,则如其占也。

象曰："利用侵伐",征不服也。

上六,鸣谦,利用行师,征邑国。

谦极有闻,人之所与,故可用行师。然以其质柔而无位,故可以征
己之邑国而已。

象曰："鸣谦",志未得也;可"用行师","征邑国"也。

阴柔无位,才力不足,故其志未得,而至于行师,然亦适足以治其
私邑而已。

豫

☷☳(坤下震上)豫:利建侯,行师。

豫,和乐也。人心和乐以应其上也。九四一阳,上下应之。其志
得行,又以坤遇震,为顺以动,故其卦为豫,而其占利以立君用
师也。

彖曰:豫,刚应而志行,顺以动,豫。

以卦体、卦德释卦名义。

豫顺以动,故天地如之,而况"建侯"、"行师"乎?

以卦德释卦辞。

天地以顺动,故日月不过,而四时不忒。圣人以顺动,则刑罚清而民服。豫之时义大矣哉!

极言之,而赞其大也。

象曰:雷出地奋,豫;先王以作乐崇德,殷荐之上帝,以配祖考。

雷出地奋,和之至也。先王作乐,既象其声,又取其义。殷,盛也。

初六,鸣豫,凶。

阴柔小人,上有强援,得时主事,故不胜其豫而以自鸣,凶之道也,故其占如此。卦之得名,本为和乐,然卦辞为众乐之义,爻辞除九四与卦同外,皆为自乐,所以有吉凶之异。

象曰:初六"鸣豫",志穷"凶"也。

穷,谓满极。

六二,介于石,不终日,贞吉。

豫虽主乐,然易以溺人,溺则反而忧矣。卦独此爻中而得正,是上下皆溺于豫,而独能以中正自守,其介如石也。其德安静而坚确,故其思虑明审,不俟终日而见凡事之几微也。大学曰:"安而后能虑,虑而后能得。"意正如此。占者如是,则正而吉矣。

象曰:"不终日,贞吉",以中正也。

六三,盱豫悔,迟有悔。

盱,况于反。盱,上视也。阴不中正而近于四,四为卦主,故六三上视于四而下溺于豫,宜有悔者也,故其象如此。而其占为事当速悔,若悔之迟,则必有悔也。

象曰:"盱豫""有悔",位不当也。

九四,由豫,大有得;勿疑,朋盍簪。

簪,侧林反。九四,卦之所由以为豫者也,故其象如此。而其占为
"大有得",然又当至诚不疑,则朋类合而从之矣,故又因而戒之。
簪,聚也,又速也。

象曰:"由豫,大有得",志大行也。

六五,贞疾,恒不死。

当豫之时,以柔居尊,沉溺于豫。又乘九四之刚,众不附而处势
危,故为"贞疾"之象。然以其得中,故又为"恒不死"之象。即象
而观,占在其中矣。

象曰:六五"贞疾",乘刚也;"恒不死",中未亡也。

上六,冥豫,成有渝,无咎。

渝,以朱反。以阴柔居豫极,为昏冥于豫之象。以其动体,故又为
其事虽成而能有渝之象。戒占者如是,则能补过而无咎,所以广
迁善之门也。

象曰:"冥豫"在上,何可长也?

随

☰☷(震下兑上)**随:元亨,利贞,无咎。**

随,从也。以卦变言之,本自困卦九来居初,又自噬嗑九来居五,
而自未济来者兼此二变,皆刚来随柔之义。以二体言之,为此动
而彼说,亦随之义,故为随。己能随物,物来随己,彼此相从,其通
易矣,故其占为"元亨",然必利于贞,乃得"无咎"。若所随不贞,
则虽大亨而不免于有咎矣。春秋传穆姜曰:有是四德,随而无咎,
我皆无之,岂随也哉。今按四德虽非本义,然其下云云,深得占法

之意。

彖曰:随,刚来而下柔,动而说,随。

下,遐嫁反。说,音悦。以卦变、卦德释卦名义。

大亨,贞,"无咎",而天下随时,

王肃本"时"作"之"。今当从之。释卦辞,言能如是,则天下之所从也。

随时之义大矣哉!

王肃本"时"字在"之"字下。今当从之。

象曰:泽中有雷,随;君子以向晦入宴息。

雷藏泽中,随时休息。

初九,官有渝,贞吉;出门交有功。

卦以物随为义,爻以随物为义。初九以阳居下,为震之主,卦之所以为随者也。既有所随,则有所偏主而变其常矣,惟得其正则吉。又当出门以交,不私其随,则有功也。故其象占如此,亦因以戒之。

象曰:"官有渝",从正"吉"也;"出门交有功",不失也。

六二,系小子,失丈夫。

初阳在下而近,五阳正应而远。二阴柔不能自守,以须正应,故其象如此,凶吝可知,不假言矣。

象曰:"系小子",弗兼与也。

六三,系丈夫,失小子;随有求得,利居贞。

丈夫,谓九四;小子,亦谓初也。三近系四而失于初,其象与六二正相反。四阳当任而己随之,有求必得,然非正应,故有不正而为邪媚之嫌,故其占如此,而又戒以居贞也。

象曰:"系丈夫",志舍下也。

舍,音捨。

九四,随有获,贞凶;有孚在道以明,何咎!

九四以刚居上之下,与五同德,故其占"随"而"有获"。然势陵于五,故虽正而凶。惟有孚在道而明,则上安而下从之,可以无咎也。占者当时之任,宜审此戒。

象曰:"随有获",其义"凶"也;"有孚在道",明功也。

九五,孚于嘉,吉。

阳刚中正,下应中正,是信于善也。占者如是,其吉宜矣。

象曰:"孚于嘉,吉",位正中也。

上六,拘系之,乃从,维之;王用亨于西山。

居随之极,随之固结而不可解者也。诚意之极,可通神明,故其占为"王用亨于西山"。亨,亦当作祭享之享。自周而言,岐山在西。凡筮祭山川者得之,其诚意如是,则吉也。

象曰:"拘系之",上穷也。

穷,极也。

蛊

䷟(巽下艮上)蛊:元亨,利涉大川;先甲三日,后甲三日。

先,息荐反。后,胡豆反。蛊,坏极而有事也。其卦艮刚居上,巽柔居下,上下不交。下卑巽而上苟止,故其卦为蛊。或曰刚上柔下,谓卦变自贲来者,初上二下;自井来者,五上上下;自既济来者兼之,亦刚上而柔下,皆所以为蛊也。蛊坏之极,乱当复治,故其占为"元亨"而"利涉大川"。甲,日之始,事之端也。"先甲三日",辛也;"后甲三日",丁也。前事过中而将坏,则可自新以为后事之端,而不使至于大坏,后事方始而尚新。然更当致其丁宁之意,以监其前事之失,而不使至于速坏。圣人之戒深也。

象曰:蛊,刚上而柔下,巽而止,蛊。

以卦体、卦变、卦德释卦名义。盖如此,则积弊而至于蛊矣。

蛊,"元亨"而天下治也。"利涉大川",往有事也。"先甲三日,后甲三日",终则有始,天行也。

释卦辞。治蛊至于"元亨",则乱而复治之象也。乱之终,治之始,天运然也。

象曰:山下有风,蛊;君子以振民育德。

山下有风,物坏而有事矣。而事莫大于二者,乃治己治人之道也。

初六,干父之蛊,有子,考无咎,厉终吉。

干,如木之干,枝叶之所附而立者也。蛊者,前人已坏之绪,故诸爻皆有父母之象。子能干之,则饬治而振起矣。初六蛊未深而事易济,故其占为有子,则能治蛊而考得"无咎",然亦危矣。戒占者宜如是,又知危而能戒,则终吉也。

象曰:"干父之蛊",意承考也。

九二,干母之蛊,不可贞。

九二刚中,上应六五。子干母蛊而得中之象。以刚承柔而治其坏,故又戒以不可坚贞。言当巽以入之也。

象曰:"干母之蛊",得中道也。

九三,干父之蛊,小有悔,无大咎。

过刚不中,故"小有悔"。巽体得正,故"无大咎"。

象曰："干父之蛊"，终"无咎"也。

六四，裕父之蛊，往见吝。

> 以阴居阴，不能有为，宽裕以治，蛊之象也。如是，则蛊将日深，故"往"则"见吝"，戒占者不可如是也。

象曰："裕父之蛊"，往未得也。

六五，干父之蛊，用誉。

> 柔中居尊，而九二承之以德。以此干蛊，可致闻誉，故其象占如此。

象曰："干父""用誉"，承以德也。

上九，不事王侯，高尚其事。

> 刚阳居上，在事之外，故为此象。而占与戒皆在其中矣。

象曰："不事王侯"，志可则也。

临

䷒（兑下坤上）临：元亨，利贞；至于八月，有凶。

> 临，进而凌逼于物也。二阳浸长以逼于阴，故为临，十二月之卦也。又其为卦，下兑说，上坤顺，九二以刚居中，上应六五，故占者大亨而利于正。然至于八月当有凶也。八月，谓自复卦一阳之月，至于遁卦二阴之月，阴长阳遁之时也。或曰：八月，谓夏正八月，于卦为观，亦临之反对也。又因占而戒之。

彖曰：临，刚浸而长，

> 长，丁丈反。以卦体释卦名。

说而顺，刚中而应。

说,音悦。又以卦德、卦体言卦之善。

大"亨"以正,天之道也。

当刚长之时,又有此善,故其占如此也。

"至于八月,有凶",消不久也。

言虽天运之当然,然君子宜知所戒。

象曰:泽上有地,临;君子以教思无穷,容保民无疆。

思,去声。地临于泽,上临下也。二者皆临下之事。教之无穷者,兑也;容之无疆者,坤也。

初九,咸临,贞吉。

卦唯二阳,遍临四阴,故二爻皆有"咸临"之象。初九刚而得正,故其占为"贞吉"。

象曰:"咸临,贞吉",志行正也。

九二,咸临,吉,无不利。

刚得中而势上进,故其占"吉"而"无不利"也。

象曰:"咸临,吉,无不利",未顺命也。

未详。

六三,甘临,无攸利;既忧之,无咎。

阴柔不中正,而居下之上,为以甘说临人之象。其占固无所利,然能忧而改之,则无咎也。勉人迁善,为教深矣。

象曰:"甘临",位不当也;"既忧之",咎不长也。

六四,至临,无咎。

处得其位,下应初九。相临之至,宜无咎者也。

象曰:"至临,无咎",位当也。

六五，知临，大君之宜，吉。

> 知，音智。以柔居中，下应九二，不自用而任人，乃知之事，而"大君之宜"，吉之道也。

象曰："大君之宜"，行中之谓也。

上六，敦临，吉，无咎。

> 居卦之上，处临之终。敦厚于临，吉而无咎之道也，故其象占如此。

象曰："敦临"之吉，志在内也。

观

≣(坤下巽上)观：盥而不荐，有孚颙若。

> 观，官奂反。下"大观"、"以观"之观，大象观字并同。观者，有以示人，而为人所仰也。九五居上，四阴仰之。又内顺外巽，而九五以中正示天下，所以为观。盥，将祭而洁手也。荐，奉酒食以祭也。颙然，尊敬之貌，言致其洁清而不轻自用，则其孚信在中，而颙然可仰。戒占者当如是也。或曰："有孚颙若"，谓在下之人信而仰之也。此卦四阴长而二阳消，正为八月之卦，而名卦系辞，更取他义，亦扶阳抑阴之意。

彖曰：大观在上，顺而巽，中正以观天下。

> 以卦体、卦德释卦名义。

"观，盥而不荐，有孚颙若"，下观而化也。

> 观，如字。下"观天"、大象"观民"之观、六爻观字并同。释卦辞。

观天之神道，而四时不忒；圣人以神道设教，而天下服矣。

极言观之道也。"四时不忒",天之所以为观也。"神道设教",圣人之所以为观也。

象曰:风行地上,观;先王以省方观民设教。

省,悉井反。省方以观民,设教以为观。

初六,童观,小人无咎,君子吝。

卦以观示为义,据九五为主也。爻以观瞻为义,皆观乎九五也。初六阴柔在下,不能远见。"童观"之象,小人之道,君子之羞也。故其占在小人则无咎,君子得之,则可羞矣。

象曰:初六"童观",小人道也。

六二,窥观,利女贞。

阴柔居内而观乎外,窥观之象,女子之正也,故其占如此。丈夫得之,则非所利矣。

象曰:"窥观""女贞",亦可丑也。

在丈夫则为丑也。

六三,观我生进退。

我生,我之所行也。六三居下之上,可进可退,故不观九五,而独观己所行之通塞以为进退,占者宜自审也。

象曰:"观我生进退",未失道也。

六四,观国之光,利用宾于王。

六四最近于五,故有此象。其占为利于朝觐仕进也。

象曰:"观国之光",尚"宾"也。

九五,观我生,君子无咎。

九五阳刚中正以居尊位,其下四阴,仰而观之,君子之象也。故戒居此位、得此占者,当观己所行,必其阳刚中正,亦如是焉,则得无咎也。

象曰:"观我生",观民也。

此夫子以义言之,明人君观己所行,不但一身之得失,又当观民德之善否,以自省察也。

上九,观其生,君子无咎。

上九阳刚,居尊位之上,虽不当事任,而亦为下所观,故其戒辞略与五同,但以我为其小有主宾之异耳。

象曰:"观其生",志未平也。

"志未平",言虽不得位,未可忘戒惧也。

噬嗑

☲(震下离上)噬嗑:亨,利用狱。

噬,市利反。嗑,胡腊反。噬,啮也;嗑,合也。物有间者,啮而合之也。为卦上下两阳而中虚,颐口之象。九四一阳间于其中,必啮之而后合,故为噬嗑。其占当得亨通者,有间故不通,啮之而合,则亨通矣。又三阴三阳,刚柔中半,下动上明,下雷上电,本自益卦六四之柔,上行以至于五而得其中,是以阴居阳,虽不当位而"利用狱"。盖治狱之道,惟威与明而得其中之为贵。故筮得之者,有其德,则应其占也。

彖曰:颐中有物,曰噬嗑。

以卦体释卦名义。

噬嗑而亨,刚柔分,动而明,雷电合而章。柔得中而上行,虽不当位,"利用狱"也。

> 上,时掌反。又以卦名、卦体、卦德、二象卦变释卦辞。

象曰:雷电,噬嗑;先王以明罚敕法。

> 雷电,当作电雷。

初九,屦校灭趾,无咎。

> 校,音教。初上无位,为受刑之象。中四爻为用刑之象。初在卦始,罪薄过小,又在卦下,故为"屦校灭趾"之象。止恶于初,故得"无咎"。占者小伤而无咎也。

象曰:"屦校灭趾",不行也。

> 灭趾,又有不进于恶之象。

六二,噬肤灭鼻,无咎。

> 祭有肤鼎,盖肉之柔脆,噬而易嗑者。六二中正,故其所治如噬肤之易,然以柔乘刚,故虽甚易,亦不免于伤灭其鼻,占者虽伤而终"无咎"也。

象曰:"噬肤灭鼻",乘刚也。

六三,噬腊肉,遇毒,小吝,无咎。

> 腊,音昔。腊肉,谓兽腊。全体骨而为之者,坚韧之物也。阴柔不中正,治人而人不服,为噬腊遇毒之象。占虽小吝,然时当"噬嗑",于义为"无咎"也。

象曰:"遇毒",位不当也。

九四,噬乾胏,得金矢;利艰贞,吉。

> 乾,音干。胏,缁美反。胏,肉之带骨者,与胾通。周礼:狱讼入钧金、束矢而后听之。九四以刚居柔,得用刑之道,故有此象。言所噬愈坚,而得听讼之宜也。然必利于艰难正固则吉,戒占者宜如

是也。

象曰:"利艰贞,吉",未光也。

六五,噬乾肉,得黄金;贞厉,无咎。

> 噬乾肉,难于肤而易于腊胏者也。黄,中色。金,亦谓钧金。六五柔顺而中,以居尊位,用刑于人,人无不服,故有此象,然必"贞厉"乃得"无咎",亦戒占者之辞也。

象曰:"贞厉无咎",得当也。

上九,何校灭耳,凶。

> 何,何可反。何,负也。过极之阳,在卦之上,恶极罪大,凶之道也。故其象占如此。

象曰:"何校灭耳",聪不明也。

> 灭耳,盖罪其听之不聪也,若能审听而早图之,则无此凶矣。

贲

☶(离下艮上)贲:亨,小利有攸往。

> 贲,彼伪反。贲,饰也。卦自损来者,柔自三来而文二,刚自二上而文三。自既济而来者,柔自上来而文五,刚自五上而文上。又内离而外艮,有文明而各得其分之象,故为"贲"。占者以其柔来文刚,阳得阴助,而离明于内,故为"亨"。以其刚上文柔,而艮止于外,故"小利有攸往"。

彖曰:贲,亨。

> "亨"字疑衍。

柔来而文刚,故"亨"。分刚上而文柔,故"小利有攸往",天文也。

> 以卦变释卦辞。刚柔之交,自然之象,故曰"天文"。先儒说:"天
> 文"上当有"刚柔交错"四字。理或然也。

文明以止,人文也。

> 又以卦德言之。止,谓各得其分。

观乎天文,以察时变;观乎人文,以化成天下。

> 极言贲道之大也。

象曰:山下有火,贲;君子以明庶政,无敢折狱。

> 山下有火,明不及远。"明庶政",事之小者;"折狱",事之大者。
> 内离明而外艮止,故取象如此。

初九,贲其趾,舍车而徒。

> 舍,音捨。刚德明体,自贲于下,为舍非道之车,而安于徒步之象。
> 占者自处当如是也。

象曰:"舍车而徒",义弗乘也。

> 君子之取舍,决于义而已。

六二,贲其须。

> 二以阴柔居中正,三以阳刚而得正,皆无应与,故二附三而动,有
> 贲须之象。占者宜从上之阳刚而动也。

象曰:"贲其须",与上兴也。

九三,贲如,濡如,永贞吉。

> 一阳居二阴之间,得其贲而润泽者也。然不可溺于所安,故有"永
> 贞"之戒。

象曰:"永贞"之"吉",终莫之陵也。

六四,贲如,皤如,白马翰如;匪寇,婚媾。

幡,白波反。幡,白也。马,人所乘。人白则马亦白矣。四与初相
贲者,乃为九三所隔而不得遂,故"幡如"。而其往求之心,如飞翰
之疾也。然九三刚正,非为寇者也,乃求婚媾耳,故其象如此。

象曰:六四,当位疑也。"匪寇,婚媾",终无尤也。

"当位疑",谓所当之位可疑也。"终无尤",谓若守正而不与,亦无
他患也。

六五,贲于丘园,束帛戋戋;吝,终吉。

戋,在千反,又音笺。六五柔中,为贲之主。敦本尚实,得贲之道,
故有"丘园"之象。然阴性吝啬,故有"束帛戋戋"之象。束帛,薄
物;戋戋,浅小之意。人而如此,虽可羞吝,然礼奢宁俭,故得"终
吉"。

象曰:六五之吉,有喜也。

上九,白贲,无咎。

贲极反本,复于无色,善补过矣。故其象占如此。

象曰:"白贲,无咎",上得志也。

剥

▤(坤下艮上)**剥:不利有攸往。**

剥,落也。五阴在下而方生,一阳在上而将尽。阴盛长而阳消落,
九月之卦也。阴盛阳衰,小人壮而君子病。又内坤而外艮,有顺
时而止之象。故占得之者,不可有所往也。

彖曰:"剥",剥也,柔变刚也。

以卦体释卦名义,言柔进于阳,变刚为柔也。

"不利有攸往",小人长也。顺而止之,观象也;君子尚消息盈虚,天行也。

> 长,丁丈反。以卦体、卦德释卦辞。

象曰:山附于地,剥;上以厚下安宅。

初六,剥床以足,蔑贞;凶。

> 剥自下起,灭正则凶,故其占如此。蔑,灭也。

象曰:"剥床以足",以灭下也。

六二,剥床以辨,蔑贞凶。

> 辨,音办。辨,床干也,进而上矣。

象曰:"剥床以辨",未有与也。

> 言未大盛。

六三,剥之,无咎。

> 众阴方剥阳而己独应之。去其党而从正,无咎之道也。占者如是,则得"无咎"。

象曰:"剥之,无咎",失上下也。

> 上下,谓四阴。

六四,剥床以肤,凶。

> 阴祸切身,故不复言"蔑贞",而直言"凶"也。

象曰:"剥床以肤",切近灾也。

六五,贯鱼以宫人宠,无不利。

> 鱼,阴物;宫人,阴之美而受制于阳者也。五为众阴之长,当率其类,受制于阳,故有此象。而占者如是,则无不利也。

象曰:"以宫人宠",终无尤也。

上九,硕果不食,君子得舆,小人剥庐。

一阳在上,剥未尽而能复生。君子在上,则为众阴所载;小人居之,则剥极于上,自失所覆,而无复硕果得舆之象矣。取象既明,而君子小人其占不同,圣人之情,益可见矣。

象曰:"君子得舆",民所载也;"小人剥庐",终不可用也。

复

☳☷(震下坤上)复:亨。出入无疾,朋来无咎;反复其道,七日来复。利有攸往。

"反复"之复,方福反;又作覆,彖同。复,阳复生于下也。剥尽则为纯坤,十月之卦,而阳气已生于下矣。积之逾月,然后一阳之体始成而来复,故十有一月,其卦为复。以其阳既往而复反,故有亨道。又内震外坤,有阳动于下而以顺上行之象。故其占又为己之出入,既得无疾,朋类之来,亦得无咎。又自五月姤卦一阴始生,至此七爻而一阳来复,乃天运之自然,故其占又为"反复其道"。至于七日,当得来复,又以刚德方长,故其占又为"利有攸往"也。"反复其道",往而复来,来而复往之意。"七日"者,所占来复之期也。

象曰:"复,亨",刚反。

刚反则亨。

动而以顺行,是以"出入无疾,朋来无咎"。

以卦德而言。

"反复其道,七日来复",天行也。

> 阴阳消息,天运然也。

"利有攸往",刚长也。

> 长,丁丈反。以卦体而言,既生则渐长矣。

复其见天地之心乎?

> 积阴之下,一阳复生,天地生物之心几于灭息。而至此乃复可见,在人则为静极而动,恶极而善,本心几息而复见之端也。程子论之详矣。而邵子之诗亦曰:"冬至子之半,天心无改移。一阳初动处,万物未生时。玄酒味方淡,太音声正希。此言如不信,更请问包羲。"至哉言也,学者宜尽心焉。

象曰:雷在地中,复;先王以至日闭关,商旅不行,后不省方。

> 安静以养微阳也。月令:是月斋戒掩身,以待阴阳之所定。

初九,不远复,无祗悔,元吉。

> 祗,音其。一阳复生于下,复之主也。祗,抵也。又居事初,失之未远,能复于善,不抵于悔,大善而吉之道也。故其象占如此。

象曰:"不远"之"复",以修身也。

六二,休复,吉。

> 柔顺中正,近于初九而能下之。复之休美,吉之道也。

象曰:"修复"之"吉",以下仁也。

六三,频复,厉,无咎。

> 以阴居阳,不中不正,又处动极,复而不固,屡失屡复之象。屡失故危,复则"无咎",故其占又如此。

象曰:"频复"之"厉",义"无咎"也。

六四,中行独复。

四处群阴之中,而独与初应,为与众俱行,而独能从善之象。当此
之时,阳气甚微,未足以有为,故不言吉,然理所当然,吉凶非所论
也。董子曰:"仁人者,正其谊,不谋其利;明其道,不计其功。"于
剥之六三及此爻见之。

象曰:"中行独复",以从道也。

六五,敦复,无悔。

以中顺居尊,而当复之时。"敦复"之象,"无悔"之道也。

象曰:"敦复,无悔",中以自考也。

考,成也。

**上六,迷复,凶,有灾眚。用行师,终有大败;以其国,君
凶,至于十年不克征。**

眚,生领反。以阴柔居复终,终迷不复之象,凶之道也,故其占如
此。以,犹及也。

象曰:"迷复"之"凶",反君道也。

无妄

☰☳(震下乾上)**无妄:元亨利贞。其匪正有眚,不利有攸往。**

无妄,实理自然之谓。史记作无望,谓无所期望而有得焉者。其
义亦通。为卦自讼而变,九自二来而居于初。又为震主,动而不
妄者也,故为无妄。又二体震动而乾健,九五刚中而应六二,故其
占大亨而利于正,若其不正,则有眚,而不利有所往也。

彖曰:无妄,刚自外来而为主于内,动而健,刚中而应;大

"亨"以正,天之命也。"其匪正有眚,不利有攸往",无
妄之往,何之矣? 天命不祐,行矣哉!

> 以卦变、卦德、卦体言卦之善如此,故其占当获大亨而利于正,乃
> 天命之当然也。其有不正,则不利有所往,欲何往哉? 盖其逆天
> 之命而天不祐之,故不可以有行也。

象曰:天下雷行,物与无妄;先王以茂对时育万物。

> 天下雷行,震动发生,万物各正其性命,是物物而与之以无妄也。
> 先王法此以对时育物,因其所性,而不为私焉。

初九,无妄,往吉。

> 以刚在内,诚之主也。如是而往,其吉可知,故其象占如此。

象曰:"无妄"之"往",得志也。

六二,不耕获,不菑畬,则利有攸往。

> 菑,侧其反。畬,音余。柔顺中正,因时顺理,而无私意期望之心,
> 故有"不耕获,不菑畬"之象,言其无所为于前,无所冀于后也。占
> 者如是,则利有所往矣。

象曰:"不耕获",未富也。

> 富如"非富天下"之富,言非计其利而为之也。

六三,无妄之灾:或系之牛,行人之得,邑人之灾。

> 卦之六爻,皆无妄者也。六三处不得正,故遇其占者,无故而有
> 灾,如行人牵牛以去,而居者反遭诘捕之扰也。

象曰:"行人"得牛,"邑人"灾也。

九四,可贞,无咎。

> 阳刚乾体,下无应与,可固守而无咎。不可以有为之占也。

象曰:"可贞,无咎",固有之也。

有,犹守也。

九五,无妄之疾,勿药有喜。

乾刚中正以居尊位,而下应亦中正,无妄之至也。如是而有疾,
"勿药"而自愈矣。故其象占如此。

象曰:"无妄"之"药",不可试也。

既已"无妄"而复"药"之,则反为妄而生疾矣。试,谓少尝之也。

上九,无妄,行有眚,无攸利。

上九非有妄也。但以其穷极而不可行耳,故其象占如此。

象曰:"无妄"之"行",穷之灾也。

大畜

≡≡(乾下艮上)**大畜:利贞;不家食,吉;利涉大川。**

畜,勅六反。大,阳也。以艮畜乾,又畜之大者也。又以内乾刚
健,外艮笃实辉光,是以能日新其德而为畜之大也。以卦变言,此
卦自需而来,九自五而上。以卦体言,六五尊而尚之。以卦德言,
又能止健,皆非大正不能,故其占为"利贞",而"不家食,吉"也。
又六五下应于乾,为应乎天,故其占又为"利涉大川"也。"不家
食",谓食禄于朝,不食于家也。

象曰:大畜,刚健笃实辉光,日新其德。

以卦德释卦名义。

刚上而尚贤,能止健,大正也。

以卦变、卦体、卦德释卦辞。

"不家食,吉",养贤也。

亦取尚贤之象。

"利涉大川",应乎天也。

亦以卦体而言。

象曰:天在山中,大畜;君子以多识前言往行,以畜其德。

识,如字,又音志。行,下孟反。天在山中,不必实有是事,但以其
象言之耳。

初九,有厉,利已。

已,夷止反。乾之三阳,为艮所止,故内外之卦,各取其义。初九
为六四所止,故其占往则有危而利于止也。

象曰:"有厉,利已",不犯灾也。

九二,舆说輹。

说,吐活反。輹,音服,又音福。九二亦为六五所畜,以其处中,故
能自止而不进,有此象也。

象曰:"舆说輹",中无尤也。

九三,良马逐,利艰贞。曰闲舆卫,利有攸往。

三以阳居健极,上以阳居畜极,极而通之时也。又皆阳爻,故不相
畜而俱进,有"良马逐"之象焉。然过刚锐进,故其占必戒以"艰
贞"。闲习,乃利于有往也。"曰",当为日月之"日"。

象曰:"利有攸往",上合志也。

六四,童牛之牿,元吉。

牿,古毒反。童者,未角之称。牿,施横木于牛角,以防其触,诗所
谓楅衡者也。止之于未角之时,为力则易,大善之吉也。故其象
占如此。学记曰:禁于未发之谓豫。正此意也。

象曰:六四"元吉",有喜也。

六五,獭豕之牙,吉。

> 獭,符云反。阳已进而止之,不若初之易矣。然以柔居中而当尊位,是以得其机会而可制,故其象如此。占虽吉而不言元也。

象曰:六五之"吉",有庆也。

上九,何天之衢,亨。

> 何天之衢,言何其通达之甚也。畜极而通,豁达无碍,故其象占如此。

象曰:"何天之衢",道大行也。

颐

☶(震下艮上)颐:贞吉;观颐,自求口实。

> 颐,以之反。颐,口旁也。口食物以自养,故为养义。为卦上下二阳,内含四阴,外实内虚,上止下动,为颐之象,养之义也。"贞吉"者,占者得正则吉。"观颐",谓观其所养之道;"自求口实",谓观其所以养身之术。皆得正则吉也。

象曰:颐,贞吉,养正则吉也。"观颐",观其所养也。"自求口实",观其自养也。

> 释卦辞。

天地养万物,圣人养贤以及万民:颐之时大矣哉!

> 极言养道而赞之。

象曰:山下有雷,颐;君子以慎言语,节饮食。

> 二者养德养身之切务。

初九,舍尔灵龟,观我朵颐,凶。

舍,音捨。朵,多果反。灵龟,不食之物。朵,垂也。朵颐,欲食之貌。初九阳刚在下,足以不食,乃上应六四之阴而动于欲,凶之道也。故其象占如此。

象曰:"观我朵颐",亦不足贵也。

六二,颠颐;拂经于丘颐,征凶。

求养于初,则颠倒而违于常理。求养于上,则往而得凶。丘,土之高者,上之象也。

象曰:六二"征凶",行失类也。

初、上皆非其类也。

六三,拂颐;贞凶,十年勿用;无攸利。

阴柔不中正,以处动极,拂于颐矣。既拂于颐,虽正亦凶,故其象占如此。

象曰:"十年勿用",道大悖也。

六四,颠颐,吉;虎视眈眈,其欲逐逐,无咎。

眈,都含反。柔居上而得正,所应又正,而赖其养以施于下,故虽颠而吉。"虎视眈眈",下而专也。"其欲逐逐",求而继也。又能如是,则无咎矣。

象曰:"颠颐"之"吉",上施光也。

施,始豉反。

六五,拂经;居贞吉,不可涉大川。

六五阴柔不正,居尊位而不能养人,反赖上九之养,故其象占如此。

象曰:"居贞"之"吉",顺以从上也。

上九,由颐;厉吉,利涉大川。

六五赖上九之养以养人,是物由上九以养也。位高任重,故"厉"
而"吉"。阳刚在上,故"利涉川"。

象曰:"由颐,厉吉",大有庆也。

大过

䷛(巽下兑上)大过:栋桡;利有攸往,亨。

桡,乃教反。大,阳也。四阳居中过盛,故为"大过"。上下二阴,
不胜其重,故有"栋桡"之象。又以四阳虽过而二五得中,内巽外
说,有可行之道,故"利有"所"往"而得"亨"也。

象曰:"大过",大者过也。

以卦体释卦名义。

"栋桡",本末弱也。

复以卦体释卦辞。本,谓初。末,谓上。弱,谓阴柔。

刚过而中,巽而说行,"利有攸往",乃"亨"。

说音悦。又以卦体、卦德释卦辞。

"大过"之时大矣哉!

"大过之时",非有大过人之才不能济也,故叹其大。

象曰:泽灭木,大过;君子以独立不惧,遁世无闷。

泽灭于木,"大过"之象也。不惧无闷,"大过"之行也。

初六,藉用白茅,无咎。

藉,在夜反。当大过之时,以阴柔居巽下,过于畏慎而无咎者也,
故其象占如此。白茅,物之洁者。

象曰:"藉用白茅",柔在下也。

九二,枯杨生稊,老夫得其女妻;无不利。

> 稊,吐兮反。阳过之始而比初阴,故其象占如此。稊,根也,荣于下者也;荣于下则生于上矣。夫虽老而得女妻,犹能成生育之功也。

象曰:"老夫""女妻",过以相与也。

九三,栋桡,凶。

> 三四二爻,居卦之中,栋之象也。九三以刚居刚,不胜其重,故象桡而占凶。

象曰:"栋桡"之"凶",不可以有辅也。

九四,栋隆,吉;有它,吝。

> 它,汤何反。以阳居阴,过而不过,故其象隆而占吉。然下应初六,以柔济之,则过于柔矣。故又戒以"有它"则"吝"也。

象曰:"栋隆"之"吉",不桡乎下也。

九五,枯杨生华,老妇得其士夫;无咎无誉。

> 华,如字。九五阳过之极,又比过极之阴,故其象占皆与二反。

象曰:"枯杨生华",何可久也?"老妇""士夫",亦可丑也。

上六,过涉灭顶;凶,无咎。

> 处过极之地,才弱不足以济,然于义为"无咎"矣。盖杀身成仁之事,故其象占如此。

象曰:"过涉"之"凶",不可咎也。

坎

䷜(坎下坎上)习坎:有孚,维心亨。行有尚。

习,重习也。坎,险陷也。其象为水,阳陷阴中,外虚而中实也。此卦上下皆坎,是为重险。中实为有孚心亨之象,以是而行,必有功矣,故其占如此。

象曰:"习坎",重险也。

重,直龙反。释卦名义。

水流而不盈,行险而不失其信。

以卦象释"有孚"之义,言内实而行有常也。

"维心亨",乃以刚中也。行有尚,往有功也。

以刚在中,心亨之象。如是而往,必有功也。

天险,不可升也。地险,山川丘陵也。王公设险以守其国。险之时用大矣哉!

极言之而赞其大也。

象曰:水洊至,习坎;君子以常德行,习教事。

洊,在荐反。行,下孟反。治己治人,皆必重习,然后熟而安之。

初六,习坎,入于坎窞,凶。

窞,徒坎、陵感二反。以阴柔居重险之下,其陷益深,故其象占如此。

象曰:"习坎"入坎,失道"凶"也。

九二,坎有险,求小得。

处重险之中,未能自出,故为有险之象。然刚而得中,故其占可以求小得也。

象曰:"求小得",未出中也。

六三,来之坎坎,险且枕,入于坎窞,勿用。

枕,针甚反。以阴柔不中正,而履重险之间,来往皆险。前险而后枕,其陷益深,不可用也。故其象占如此。枕,倚著未安之意。

象曰:"来之坎坎",终无功也。

六四,樽酒簋,贰用缶。纳约自牖,终无咎。

簋,音轨。缶,俯九反。晁氏云:先儒读"樽酒簋"为一句,"贰用缶"为一句。今从之。贰,益之也。周礼"大祭三贰",弟子职"左执虚豆,右执挟匕,周旋而贰"是也。九五尊位,六四近之,在险之时,刚柔相际,故有但用薄礼,益以诚心,进结自牖之象。牖非所由之正,而室之所以受明也。始虽艰阻,终得无咎,故其占如此。

象曰:"樽酒簋贰",刚柔际也。

晁氏曰:陆氏释文本无"贰"字。今从之。

九五,坎不盈,祗既平,无咎。

九五虽在坎中,然以阳刚中正居尊位,而时亦将出矣,故其象占如此。

象曰:"坎不盈",中未大也。

有中德而未大。

上六,系用徽纆,寘于丛棘,三岁不得,凶。

纆,音墨。寘音置。以阴柔居险极,故其象占如此。

象曰:上六失道,凶"三岁"也。

离

☲(离下离上)离:利贞,亨;畜牝牛,吉。

畜,许六反。离,丽也。阴丽于阳,其象为火,体阴而用阳也,物之所丽,贵乎得正。牝牛,柔顺之物也,故占者能正则亨,而畜牝牛则吉也。

彖曰：离，丽也；日月丽乎天，百谷草木丽乎土。重明以丽乎正，乃化成天下。

重，直龙反。释卦名义。

柔丽乎中正，故"亨"。是以"畜牝牛，吉"也。

以卦体释卦辞。

象曰：明两作，离；大人以继明照于四方。

作，起也。

初九，履错然，敬之，无咎。

错，七各反。以刚居下而处初体，志欲上进，故有"履错然"之象，敬之则无咎矣。戒占者宜如是也。

象曰："履错"之"敬"，以辟咎也。

辟，避同。

六二，黄离，元吉。

黄，中色。柔丽乎中而得其正，故其象占如此。

象曰："黄离，元吉"，得中道也。

九三，日昃之离，不鼓缶而歌，则大耋之嗟，凶。

耋，田节反。重离之闲，前明将尽，故有"日昃"之象。不安常以自乐，则不能自处而凶矣。戒占者宜如是也。

象曰："日昃之离"，何可久也！

九四，突如其来如，焚如，死如，弃如。

突，如忽反。后明将继之时，而九四以刚迫之，故其象如此。

象曰："突如其来如"，无所容也。

“无所容”,言“焚”、“死”、“弃”也。

六五,出涕沱若,戚嗟若,吉。

沱,徒何反。以阴居尊,柔丽乎中,然不得其正而迫于上下之阳,故忧惧如此,然后得吉。戒占者宜如是也。

象曰:六五之“吉”,离王公也。

离,音丽。

上九,王用出征,有嘉,折首,获匪其丑,无咎。

刚明及远,威震而刑不滥,“无咎”之道也,故其象占如此。

象曰:“王用出征”,以正邦也。

周易卷之二

周易下经

咸

䷛（艮下兑上）咸：亨，利贞；取女吉。

> 取，七具反。咸，交感也。兑柔在上，艮刚在下，而交相感应。又艮止则感之专，兑说则应之至。又艮以少男下于兑之少女，男先于女，得男女之正，婚姻之时，故其卦为咸。其占亨而利贞，取女则吉，盖感有必通之理。然不以贞，则失其亨，而所为皆凶矣。

彖曰：咸，感也。

> 释卦名义。

柔上而刚下，二气感应以相与。止而说，男下女，是以"亨，利贞，取女吉"也。

> 说，音悦。"男下"之下，遐嫁反。以卦体、卦德、卦象释卦辞，或以卦变言柔上刚下之义，曰咸自旅来，柔上居六，刚下居五也。

亦通。

天地感而万物化生,圣人感人心而天下和平。观其所感。而天地万物之情可见矣!

极言感通之理。

象曰:山上有泽,咸;君子以虚受人。

山上有泽,以虚而通也。

初六,咸其拇。

拇,茂后反。拇,足大指也。咸以人身取象,感于最下,咸拇之象也。感之尚浅,欲进未能,故不言吉凶。此卦虽主于感,然六爻皆宜静而不宜动也。

象曰:"咸其拇",志在外也。

六二,咸其腓,凶;居吉。

腓,房非反。腓,足肚也。欲行则先自动,躁妄而不能固守者也。二当其处,又以阴柔不能固守,故取其象。然有中正之德,能居其所,故其占动凶而静吉也。

象曰:虽"凶,居吉",顺不害也。

九三,咸其股,执其随,往吝。

股,随足而动,不能自专者也。执者,主当持守之意。下二爻皆欲动者,三亦不能自守而随之,往则吝矣,故其象占如此。

象曰:"咸其股",亦不处也;志在"随"人,所"执"下也。

言"亦"者,因前二爻皆欲动而云也。二爻阴躁,其动也宜。九三阳刚,居止之极,宜静而动,可吝之甚也。

九四,贞吉,悔亡;憧憧往来,朋从尔思。

憧,昌容反,又音同。九四居股之上,脢之下,又当三阳之中,心之象,咸之主也。心之感物,当正而固,乃得其理。今九四乃以阳居阴,为失其正而不能固,故因占设戒,以为能正而固,则"吉"而"悔亡"。若"憧憧往来",不能正固而累于私感,则但其朋类从之,不复能及远矣。

象曰:"贞吉,悔亡",未感害也;"憧憧往来",未光大也。

感害,言不正而感,则有害也。

九五,咸其脢,无悔。

脢,武杯反,又音每。脢,背肉,在心上而相背,不能感物而无私系。九五适当其处,故取其象,而戒占者以能如是,则虽不能感物,而亦可以"无悔"也。

象曰:"咸其脢",志末也。

志末,谓不能感物。

上六,咸其辅颊舌。

颊,古协反。辅颊舌,皆所以言者,而在身之上。上六以阴居说之终,处咸之极。感人以言而无其实。又兑为口舌,故其象如此,凶咎可知。

象曰:"咸其辅颊舌",滕口说也。

滕、腾通用。

恒

☳ (巽下震上)恒:亨,无咎,利贞,利有攸往。

恒,常久也。为卦震刚在上,巽柔在下。震雷巽风二物相与,巽顺震动,为巽而动。二体六爻,阴阳相应,四者皆理之常,故为恒。

其占为能久于其道,则亨而无咎。然又必利于守贞,则乃为得所常久之道,而利有所往也。

象曰:恒,久也。刚上而柔下,雷风相与,巽而动,刚柔皆应,恒。

以卦体、卦象、卦德释卦名义。或以卦变言刚上柔下之义,曰恒自丰来,刚上居二,柔下居初也。亦通。

"恒:亨,无咎,利贞",久于其道也。天地之道,恒久而不已也。

恒,固能亨,且无咎矣。然必利于正,乃为久于其道,不正则久非其道矣。天地之道所以长久,亦以正而已矣。

"利有攸往",终则有始也。

"久于其道",终也;"利有攸往",始也。动静相生,循环之理,然必静为主也。

日月得天而能久照,四时变化而能久成。圣人久于其道而天下化成。观其所恒,而天地万物之情可见矣!

极言恒久之道。

象曰:雷风,恒;君子以立不易方。

初六,浚恒,贞凶,无攸利。

初与四为正应,理之常也。然初居下而在初,未可以深有所求。四震体而阳性,上而不下,又为二三所隔,应初之意,异乎常矣。初之柔暗,不能度势,又以阴居巽下,为巽之主,其性务入,故深以常理求之,"浚恒"之象也。占者如此,则虽贞亦凶,而无所利矣。

象曰:"浚恒"之"凶",始求深也。

九二,悔亡。

以阳居阴,本当有悔,以其久中,故得亡也。

象曰:九二"悔亡",能久中也。

九三,不恒其德,或承之羞;贞吝。

位虽得正,然过刚不中,志从于上,不能久于其所,故为"不恒其德,或承之羞"之象。"或"者,不知其何人之辞。承,奉也。言人皆得奉而进之,不知其所自来也。"贞吝"者,正而不恒,为可羞吝,申戒占者之辞。

象曰:"不恒其德",无所容也。

九四,田无禽。

以阳居阴,久非其位,故为此象。占者田无所获,而凡事亦不得其所求也。

象曰:久非其位,安得禽也?

六五,恒其德,贞;妇人吉,夫子凶。

以柔中而应刚中,常久不易,正而固矣。然乃妇人之道,非夫子之宜也。故其象占如此。

象曰:"妇人"贞吉,从一而终也;"夫子"制义,从妇凶也。

上六,振恒,凶。

振者,动之速也。上六居恒之极,处震之终。恒极则不常,震终则过动。又阴柔不能固守,居上非其所安,故有"振恒"之象,而其占则凶也。

象曰:"振恒"在上,大无功也。

遁

☰☰(艮下乾上)**遁:亨,小利贞。**

遁,徒困反。遁,退避也。为卦二阴浸长,阳当退避,故为遁。六月之卦也。阳虽当遁,然九五当位,而下有六二之应,若犹可以有为。但二阴浸长于下,则其势不可以不遁。故其占为君子能遁,则身虽退而道亨,小人则利于守正,不可以浸长之故,而遂侵迫于阳也。小,谓阴柔小人也。此卦之占,与否之初二两爻相类。

彖曰:"遁,亨",遁而亨也。刚当位而应,与时行也。

以九五一爻释"亨"义。

"小利贞",浸而长也。

长,丁丈反。以下二阴释"小利贞"。

遁之时义大矣哉!

阴方浸长,处之为难,故其时义为尤大也。

象曰:天下有山,遁;君子以远小人,不恶而严。

远,袁万反。天体无穷,山高有限,遁之象也。严者,君子自守之常,而小人自不能近。

初六,遁尾,厉,勿用有攸往。

遁而在后,尾之象,危之道也。占者不可以有所往,但晦处静俟,可免灾耳。

象曰:"遁尾"之"厉",不往,何灾也?

六二,执之用黄牛之革,莫之胜说。

胜,音升。说,吐活反。以中顺自守,人莫能解,必遁之志也。占者固守,亦当如是。

象曰:"执用黄牛",固志也。

九三,系遁,有疾厉;畜臣妾,吉。

畜,许六反。下此二阴,当遁而有所系之象,有疾而危之道也。然以"畜臣妾"则吉,盖君子之于小人,惟臣妾则不必其贤而可畜耳,故其占如此。

象曰:"系遁"之"厉",有疾惫也;"畜臣妾,吉",不可大事也。

惫,音败。

九四,好遁,君子吉,小人否。

好,呼报反。否,方有反。下应初六,而乾体刚健,有所好而能绝之以遁之象也。唯自克之君子能之,而小人不能,故占者君子则吉,而小人否也。

象曰:"君子""好遁","小人否"也。

九五,嘉遁,贞吉。

刚阳中正,下应六二,亦柔顺而中正,遁之嘉美者也。占者如是,而正则吉矣。

象曰:"嘉遁,贞吉",以正志也。

上九,肥遁,无不利。

以刚阳居卦外,下无系应,遁之远而处之裕者也,故其象占如此。肥者,宽裕自得之意。

象曰:"肥遁,无不利",无所疑也。

大壮

☰☳ (乾下震上) 大壮:利贞。

大,谓阳也。四阳盛长,故为大壮,二月之卦也。阳壮,则占者吉
亨不假言,但利在正固而已。

彖曰:"大壮",大者壮也;刚以动,故壮。

释卦名义。以卦体言则阳长过中,大者壮也;以卦德言,则乾刚震
动,所以壮也。

"大壮,利贞",大者正也。正大而天地之情可见矣。

释"利贞"之义,而极言之。

象曰:雷在天上,大壮;君子以非礼弗履。

自胜者强。

初九,壮于趾,征凶;有孚。

趾在下而进,动之物也。刚阳处下而当壮时,壮于进者也,故有此
象。居下而壮于进,其凶必矣。故其占又如此。

象曰:"壮于趾",其孚穷也。

言必困穷。

九二,贞吉。

以阳居阴,已不得其正矣,然所处得中,则犹可因以不失其正,故
戒占者使因中以求正,然后可以得吉也。

象曰:九二"贞吉",以中也。

九三,小人用壮,君子用罔;贞厉,羝羊触藩,羸其角。

羝,音低。羸,力追反。过刚不中,当壮之时,是小人用壮,而君子

则用罔也。罔,无也。视有如无,君子之过于勇者也,如此则虽正
亦危矣。羝羊,刚壮喜触之物。藩,篱也。羸,困也。"贞厉"之
占,其象如此。

象曰:"小人用壮","君子""罔"也。

小人以壮败,君子以罔困。

九四,贞吉,悔亡;藩决不羸,壮于大舆之輹。

輹,音福。"贞吉,悔亡",与咸九四同占。"藩决不羸",承上文而
言也。决,开也。三前有四,犹有藩焉。四前二阴,则藩决矣。
"壮于大舆之輹",亦可进之象也。以阳居阴,不极其刚,故其象
如此。

象曰:"藩决不羸",尚往也。

尚、上通。

六五,丧羊于易,无悔。

丧,息浪反。象同。易,以豉反,一音亦。旅卦同。卦体似兑,有
羊象焉。外柔而内刚者也。独六五以柔居中,不能抵触。虽失其
壮,然亦无所悔矣。故其象如此,而占亦与咸九五同。易,"容易"
之易,言忽然不觉其亡也;或作"疆埸"之埸,亦通。汉食货志埸
作易。

象曰:"丧羊于易",位不当也。

上六,羝羊触藩,不能退,不能遂,无攸利;艰则吉。

壮终动极,故"触藩"而"不能退"。然其质本柔,故又"不能遂"其
进也。其象如此,其占可知。然犹幸其不刚,故能艰以处,则尚可
以得吉也。

象曰:"不能退,不能遂",不详也;"艰则吉",咎不长也。

晋

䷢（坤下离上）晋：康侯用锡马蕃庶，昼日三接。

> 晋，进也。康侯，安国之侯也。"锡马蕃庶，昼日三接"，言多受大赐，而显被亲礼也。盖其为卦上离下坤，有日出地上之象。顺而丽乎大明之德，又其变自观而来，为六四之柔进而上行以至于五，占者有是三者，则亦当有是宠也。

象曰："晋"，进也。

> 释卦名义。

明出地上，顺而丽乎大明。柔进而上行，是以"康侯用锡马蕃庶，昼日三接"也。

> "上行"之上，时掌反。以卦象、卦德、卦变释卦辞。

象曰：明出地上，晋；君子以自昭明德。

> 昭，明之也。

初六，晋如摧如，贞吉；罔孚，裕无咎。

> 以阴居下，应不中正，有欲进见摧之象。占者如是，而能守正则吉。设不为人所信，亦当处以宽裕，则无咎也。

象曰："晋如摧如"，独行正也；"裕无咎"，未受命也。

> 初居下位，未有官守之命。

六二，晋如愁如，贞吉，受兹介福，于其王母。

> 六二中正，上无应援，故欲进而愁。占者如是，而能守正则吉，而受福于王母也。王母，指六五。盖享先妣之吉占，而凡以阴居尊者，皆其类也。

象曰："受兹介福",以中正也。

六三,众允,悔亡。

> 三不中正,宜有悔者,以其与下二阴皆欲上进,是以为众所信而悔
> 亡也。

象曰:"众允"之志,上行也。

九四,晋如鼫鼠,贞厉。

> 鼫,音石。不中不正,以窃高位,贪而畏人,盖危道也,故为鼫鼠之
> 象。占者如是,虽正亦危。

象曰:"鼫鼠""贞厉",位不当也。

六五,悔亡,失得勿恤;往吉,无不利。

> 以阴居阳,宜有悔矣。以大明在上而下皆顺从。故占者得之,则
> 其"悔亡"。又一切去其计功谋利之心,则"往吉"而"无不利"也。
> 然亦必有其德,乃应其占耳。

象曰:"失得勿恤",往有庆也。

上九,晋其角,维用伐邑,厉吉无咎,贞吝。

> 角,刚而居上,上九刚进之极,有其象矣。占者得之,而以伐其私
> 邑,则虽危而吉且无咎。然以极刚治小邑,虽得其正,亦可吝矣。

象曰:"维用伐邑",道未光也。

明夷

䷣(离下坤上)**明夷**:利艰贞。

> 夷,伤也。为卦下离上坤,日入地中,明而见伤之象,故为明夷。
> 又其上六为暗之主,六五近之,故占者利于艰难以守正,而自晦其

明也。

象曰：明入地中，"明夷"。

以卦象释卦名。

内文明而外柔顺，以蒙大难，文王以之。

难，去声，下同。以卦德释卦义。"蒙大难"，谓遭纣之乱而见
囚也。

"利艰贞"，晦其明也；内难而能正其志，箕子以之。

以六五一爻之义释卦辞。内难，谓为纣近亲，在其国内，如六五之
近于上六也。

象曰：明入地中，明夷；君子以莅众，用晦而明。

初九，明夷于飞，垂其翼；君子于行，三日不食。有攸往，
主人有言。

飞而垂翼，见伤之象。占者行而不食，所如不合，时义当然，不得
而避也。

象曰："君子于行"，义不食也。

唯义所在，不食可也。

六二，明夷；夷于左股，用拯马壮，吉。

拯，之陵反。涣初爻同。伤而未切，救之速则免矣。故其象占
如此。

象曰：六二之"吉"，顺以则也。

九三，明夷于南狩，得其大首；不可疾贞。

以刚居刚，又在明体之上，而屈于至暗之下，正与上六暗主为应，
故有向明除害，得其首恶之象。然不可以遽也，故有"不可疾贞"
之戒。成汤起于夏台，文王兴于羑里，正合此爻之义。而小事亦

有然者。

象曰："南狩"之志,乃大得也。

六四,入于左腹,获明夷之心,于出门庭。

此爻之义未详。窃疑"左腹"者,幽隐之处;"获明夷之心,于出门庭"者,得意于远去之义。言筮而得此者,其自处当如是也。盖离体为至明之德,坤体为至暗之地。下三爻明在暗外,故随其远近高下而处之不同。六四以柔正居暗地而尚浅,故犹可以得意于远去。五以柔中居暗地而已迫,故为内难正志以晦其明之象。上则极乎暗矣,故为自伤其明以至于暗,而又足以伤人之明,盖下五爻皆为君子,独上一爻为暗君也。

象曰:"入于左腹",获心意也。

意,叶音臆。

六五,箕子之明夷,利贞。

居至暗之地,近至暗之君,而能正其志,箕子之象也,贞之至也。"利贞",以戒占者。

象曰:箕子之"贞",明不可息也。

上六,不明晦;初登于天,后入于地。

以阴居坤之极,不明其德以至于晦,始则处高位以伤人之明,终必至于自伤而坠厥命,故其象如此。而占亦在其中矣。

象曰:"初登于天",照四国也;"后入于地",失则也。

照四国,以位言。

家人

䷤(离下巽上)**家人**:利女贞。

家人者，一家之人。卦之九五、六二外内各得其正，故为"家人"。"利女贞"者，欲先正乎内也，内正则外无不正矣。

象曰：家人，女正位乎内，男正位乎外；男女正，天地之大义也。

以卦体九五、六二释"利女贞"之义。

家人有严君焉，父母之谓也。

亦谓二、五。

父父，子子，兄兄，弟弟，夫夫，妇妇，而家道正；正家而天下定矣。

上父，初子；五三夫，四二妇；五兄，三弟。以卦画推之，又有此象。

象曰：风自火出，家人；君子以言有物而行有恒。

行，下孟反。身修则家治矣。

初九，闲有家，悔亡。

初九以刚阳处有家之始，能防闲之，其悔亡矣。戒占者当如是也。

象曰："闲有家"，志未变也。

志未变而豫防之。

六二，无攸遂，在中馈，贞吉。

六二柔顺中正，女之正位乎内者也，故其象占如此。

象曰：六二之"吉"，顺以巽也。

九三，家人嗃嗃，悔厉吉；妇子嘻嘻，终吝。

嗃，呼落反；嘻，喜悲反，象同。以刚居刚而不中，过乎刚者也，故有"嗃嗃"严厉之象；如是，则虽有悔厉而吉也。"嘻嘻"者，"嗃嗃"之反，吝之道也。占者各以其德为应，故两言之。

象曰："家人嗃嗃"，未失也；"妇子嘻嘻"，失家节也。

六四，富家，大吉。

阳主义，阴主利，以阴居阴而在上位，能富其家者也。

象曰："富家，大吉"，顺在位也。

九五，王假有家，勿恤，吉。

假，更白反。假，至也，如"假于太庙"之假。有家，犹言有国也。九五刚健中正，下应六二之柔顺中正，王者以是至于其家，则勿用忧恤而吉可必矣。盖聘纳后妃之吉占，而凡有是德者遇之，皆吉也。

象曰："王假有家"，交相爱也。

程子曰："夫爱其内助，妇爱其刑家。"

上九，有孚，威如，终吉。

上九以刚居上，在卦之终，故言正家久远之道。占者必有诚信严威，则终吉也。

象曰："威如"之"吉"，反身之谓也。

谓非作威也，反身自治，则人畏服之矣。

睽

䷥（兑下离上）睽：小事吉。

睽，苦圭反。睽，乖异也。为卦上火下泽，性相违异。中女少女，志不同归，故为睽。然以卦德言之，内说而外明。以卦变言之，则自离来者，柔进居三；自中孚来者，柔进居五；自家人来者，兼之。以卦体言之，则六五得中而下应九二之刚，是以其占不可大事，而小事尚有吉之道也。

彖曰：睽，火动而上，泽动而下，二女同居，其志不同行。

上、下俱上声，下同。以卦象释卦名义。

说而丽乎明，柔进而上行，得中而应乎刚，是以小事吉。

说，音悦。以卦德、卦变、卦体释卦辞。

天地睽而其事同也，男女睽而其志通也，万物睽而其事类也：睽之时用大矣哉！

极言其理而赞之。

象曰：上火下泽，睽；君子以同而异。

二卦合体而性不同。

初九，悔亡；丧马勿逐，自复；见恶人，无咎。

丧，去声。上无正应，有悔也。而居睽之时，同德相应，其悔亡矣。故有“丧马勿逐”而“自复”之象。然亦必“见恶人”，然后可以辟咎，如孔子之于阳货也。

象曰：“见恶人”，以辟咎也。

辟，音避。

九二，遇主于巷，无咎。

二五阴阳正应，居睽之时，乖戾不合，必委曲相求而得会遇，乃为无咎，故其象占如此。

象曰：“遇主于巷”，未失道也。

本其正应，非有邪也。

六三，见舆曳，其牛掣；其人天且劓。无初有终。

曳，以制反。掣，昌逝反。劓，鱼器反。六三、上九正应，而三居二阳之间，后为二所曳，前为四所掣，而当睽之时。上九猜狠方深，故又有髡劓之伤。然邪不胜正,终必得合,故其象占如此。

象曰:"见舆曳",位不当也;"无初有终",遇刚也。

九四,睽孤;遇元夫,交孚,厉无咎。

夫,如字。睽孤,谓无应。遇元夫,谓得初九。交孚,谓同德相信。然当睽时,故必危厉,乃得无咎,占者亦如是也。

象曰:"交孚""无咎",志行也。

六五,悔亡,厥宗噬肤,往何咎?

噬,市制反。以阴居阳,悔也。居中得应,故能亡之。厥宗,指九二。噬肤,言易合。六五有柔中之德,故其象占如是。

象曰:"厥宗噬肤",往有庆也。

上九,睽孤,见豕负涂,载鬼一车,先张之弧,后说之弧;匪寇婚媾,往遇雨则吉。

弧,音胡。说,吐活反。媾,古豆反。"睽孤",谓六三为二阳所制,而己以刚处明极睽极之地,又自猜狠而乖离也。"见豕负涂",见其污也。"载鬼一车",以无为有也。"张弧",欲射之也。"说弧",疑稍释也。"匪寇婚媾",知其非寇而实亲也。"往遇雨则吉",疑尽释而睽合也。上九之与六三,先睽后合,故其象占如此。

象曰:"遇雨"之"吉",群疑亡也。

蹇

☵☶(艮下坎上)蹇:利西南,不利东北;利见大人,贞吉。

蹇,纪免反。蹇,难也。足不能进,行之难也。为卦艮下坎上,见险而止,故为蹇。西南平易,东北险阻。又艮,方也。方在蹇中,不宜走险。又卦自小过而来,阳进则往居五而得中,退则入于艮而不进,故其占曰"利西南,不利东北"。当蹇之时,必见大人,然后可以济难。又必守正,然后得吉。而卦之九五刚健中正,有大人之象。自二以上,五爻皆得正位,则又贞之义也。故其占又曰"利见大人,贞吉"。盖见险者贵于能止,而又不可终于止;处险者利于进,而不可失其正也。

彖曰:"蹇",难也,险在前也;见险而能止,知矣哉!

难,乃旦反。知,音智。以卦德释卦名义,而赞其美。

"蹇,利西南",往得中也;"不利东北",其道穷也。"利见大人",往有功也;当位"贞吉",以正邦也。蹇之时用大矣哉!

以卦变、卦体释卦辞,而赞其时用之大也。

象曰:山上有水,蹇;君子以反身修德。

初六,往蹇,来誉。

往遇险,来得誉。

象曰:"往蹇,来誉",宜待也。

六二,王臣蹇蹇,匪躬之故。

柔顺中正,正应在上,而在险中,故蹇而又蹇以求济之,非以其身之故也。不言吉凶者,占者但当鞠躬尽力而已。至于成败利钝,则非所论也。

象曰:"王臣蹇蹇",终无尤也。

事虽不济,亦无可尤。

九三,往蹇,来反。

反就二阴,得其所安。

象曰:"往蹇,来反",内喜之也。

六四,往蹇,来连。

> 连于九三,合力以济。

象曰:"往蹇,来连",当位实也。

> 当,去声。

九五,大蹇,朋来。

> 大蹇者,非常之蹇也。九五居尊,而有刚健中正之德,必有朋来而助之者。占者有是德,则有是助矣。

象曰:"大蹇,朋来",以中节也。

上六,往蹇,来硕;吉,利见大人。

> 已在卦极,往无所之,益以蹇耳。来就九五,与之济蹇,则有硕大之功。"大人",指九五。晓占者宜如是也。

象曰:"往蹇,来硕",志在内也;"利见大人",以从贵也。

解

(坎下震上)解:利西南;无所往,其来复,吉;有攸往,夙吉。

> 解,音蟹。彖传、大象同。解,难之散也。居险能动,则出于险之外矣。解之象也,难之既解,利于平易安静,不欲久为烦扰。且其卦自升来,三往居四,入于坤体,二居其所而又得中,故利于西南平易之地。若无所往,则宜来复其所而安静;若尚有所往,则宜早往早复,不可久烦扰也。

彖曰:解,险以动,动而免乎险,解。

以卦德释卦名义。

"解,利西南",往得众也;"其来复,吉",乃得中也;"有
攸往,夙吉",往有功也。

> 以卦变释卦辞。坤为众,得众谓九四入坤体;得中有功,皆指
> 九二。

天地解而雷雨作,雷雨作而百果草木皆甲坼;解之时大
矣哉!

> 极言而赞其大也。

象曰:雷雨作,解;君子以赦过宥罪。

初六,无咎。

> 难既解矣。以柔在下,上有正应,何咎之有?故其占如此。

象曰:刚柔之际,义"无咎"也。

九二,田获三狐,得黄矢;贞吉。

> 此爻取象之意未详。或曰:卦凡四阴,除六五君位,余三阴,即三
> 狐之象也。大抵此爻为卜田之吉占,亦为去邪媚而得中直之象,
> 能守其正,则无不吉矣。

象曰:九二"贞吉",得中道也。

六三,负且乘,致寇至;贞吝。

> 乘,如字,又石证反。系辞备矣。"贞吝",言虽以正得之,亦可羞
> 也。唯避而去之为可免耳。

象曰:"负且乘",亦可丑也;自我致戎,又谁咎也?

> 戎,古本作寇。

九四,解而拇,朋至斯孚。

解,佳买反。象同。拇,茂后反。拇,指初。初与四皆不得其位而相应,应之不以正者也。然四阳初阴,其类不同,若能解而去之,则君子之朋至而相信也。

象曰:"解而拇",未当位也。

六五,君子维有解,吉,有孚于小人。

解,音蟹。象同。卦凡四阴,而六五当君位,与三阴同类者,必解而去之则吉也。孚,验也。君子有解,以小人之退为验也。

象曰:"君子""有解",小人退也。

上六,公用射隼于高墉之上,获之,无不利。

射,食亦反。隼,荀尹反。系辞备矣。

象曰:"公用射隼",以解悖也。

解,佳买反。

损

䷨(兑下艮上)损:有孚,元吉,无咎,可贞,利有攸往。

损,减省也。为卦损下卦上画之阳,益上卦上画之阴。损兑泽之深,益艮山之高,损下益上,损内益外,剥民奉君之象,所以为损也。损所当损,而有孚信,则其占当有此下四者之应矣。

曷之用?二簋可用享。

簋,音轨。言当损时,则至薄无害。

彖曰:损,损下益上,其道上行。

"上行"之上,时掌反。以卦体释卦名义。

损而"有孚,元吉,无咎,可贞,利有攸往。曷之用?二簋可用享"。二簋应有时,损刚益柔有时,损益盈虚,与时偕行。

此释卦辞。时,谓当损之时。

象曰:山下有泽,损;君子以惩忿窒欲。

惩,直升反。君子修身所当损者,莫切于此。

初九,已事遄往,无咎;酌损之。

已,音以。遄,市专反,四爻同。初九当损下益上之时,上应六四之阴,辍所为之事,而速往以益之,无咎之道也。故其象占如此。然居下而益上,亦当斟酌其浅深也。

象曰:"已事遄往",尚合志也。

尚、上通。

九二,利贞,征凶;弗损益之。

九二刚中,志在自守,不肯妄进。故占者利贞,而征则凶也。弗损益之,言不变其所守,乃所以益上也。

象曰:九二"利贞",中以为志也。

六三,三人行,则损一人;一人行,则得其友。

下卦本乾,而损上爻以益坤,"三人行"而"损一人"也。一阳上而一阴下,"一人行"而"得其友"也。两相与则专,三则杂而乱。卦有此象,故戒占者当致一也。

象曰:"一人行",三则疑也。

六四,损其疾,使遄有喜,无咎。

以初九之阳刚益己,而损其阴柔之疾,唯速则善。戒占者如是则无咎矣。

象曰:"损其疾",亦可喜也。

六五,或益之十朋之龟,弗克违,元吉。

> 柔顺虚中,以居尊位,当损之时,受天下之益者也。两龟为朋,十朋之龟,大宝也。或以此益之而不能辞,其吉可知。占者有是德,则获其应也。

象曰:六五"元吉",自上祐也。

上九,弗损益之,无咎。贞吉,利有攸往,得臣无家。

> 上九当损下益上之时,居卦之上,受益之极,而欲自损以益人也。然居上而益下,有所谓惠而不费者,不待损己,然后可以益人也,能如是则无咎。然亦必以正则吉,而利有所往,惠而不费,其惠广矣,故又曰"得臣无家"。

象曰:"弗损益之",大得志也。

益

䷩(震下巽上)益:利有攸往,利涉大川。

> 益,增益也。为卦损上卦初画之阳,益下卦初画之阴,自上卦而下于下卦之下,故为益。卦之九五、六二,皆得中正。下震上巽,皆木之象,故其占利有所往而"利涉大川"也。

彖曰:益,损上益下,民说无疆;自上下下,其道大光。

> "上下"之下,去声。以卦体释卦名义。

"利有攸往",中正有庆;"利涉大川",木道乃行。

> 以卦体、卦象释卦辞。

益动而巽,日进无疆;天施地生,其益无方。凡益之道,与时偕行。

施,始敓反。动巽二卦之德,乾下施,坤上生,亦上文卦体之义。
又以此极言赞益之大。

象曰:风雷,益;君子以见善则迁,有过则改。

风雷之势,交相助益。迁善改过,益之大者,而其相益亦犹是也。

初九,利用为大作,元吉,无咎。

初虽居下,然当益下之时,受上之益者也,不可徒然无所报效,故
"利用为大作",必"元吉",然后得"无咎"。

象曰:"元吉,无咎",下不厚事也。

下本不当任厚事,故不如是,不足以塞咎也。

六二,或益之十朋之龟,弗克违。永贞吉;王用享于帝,吉。

六二当益下之时,虚中处下,故其象占与损六五同。然爻位皆阴,
故以"永贞"为戒,以其居下而受上之益,故又为卜郊之吉占。

象曰:"或益之",自外来也。

"或"者,众无定主之辞。

六三,益之用凶事,无咎;有孚中行,告公用圭。

六三阴柔不中不正,不当得益者也。然当益下之时,居下之上,故
有益之以凶事者,盖警戒震动,乃所以益之也。占者如此,然后可
以无咎。又戒以"有孚中行",而"告公用圭"也。"用圭",所以
通信。

象曰:益用凶事,固有之也。

益用凶事,欲其困心衡虑而固有之也。

六四,中行告公从,利用为依迁国。

三四皆不得中,故皆以中行为戒。此言以益下为心,而合于中行,

则告公而见从矣。传曰：周之东迁，晋、郑焉依。盖古者迁国以益下，必有所依，然后能立。此爻又为迁国之吉占也。

象曰："告公从"，以益志也。

九五，有孚惠心，勿问元吉。有孚惠我德。

上有信以惠于下，则下亦有信以惠于上矣。不问而"元吉"可知。

象曰："有孚惠心"，"勿问"之矣；"惠我德"，大得志也。

上九，莫益之，或击之，立心勿恒，凶。

以阳居益之极，求益不已。故"莫益"而"或击之"，"立心勿恒"，戒之也。

象曰："莫益之"，偏辞也；"或击之"，自外来也。

"莫益之"者，犹从其求益之偏辞而言也。若究而言之，则又有"击之"者矣。

夬

䷪（乾下兑上）夬：扬于王庭，孚号有厉；告自邑，不利即戎，利有攸往。

夬，古快反；号，户羔反，卦内并同。夬，决也；阳决阴也，三月之卦也。以五阳去一阴，决之而已。然其决之也，必正名其罪，而尽诚以呼号其众，相与合力。然亦尚有危厉，不可安肆。又当先治其私，而不可专尚威武，则利有所往也。皆戒之之辞。

象曰：夬，决也，刚决柔也；健而说，决而和。

说，音悦。释卦名义而赞其德。

"扬于王庭"，柔乘五刚也；"孚号有厉"，其危乃光也；

"告自邑,不利即戎",所尚乃穷也;"利有攸往",刚长乃
终也。

> 长,丁丈反。此释卦辞。"柔乘五刚",以卦体言,谓以一小人加于
> 众君子之上,是其罪也。"刚长乃终",谓一变则为纯乾也。

象曰:泽上于天,夬;君子以施禄及下,居德则忌。

> 上,时掌反。施,始豉反。"泽上于天",溃决之势也。"施禄及
> 下",溃决之意也。"居德则忌",未详。

初九,壮于前趾,往不胜为咎。

> 前,犹进也。当决之时,居下任壮,不胜宜矣。故其象占如此。

象曰:"不胜"而"往",咎也。

九二,惕号,莫夜有戎,勿恤。

> 莫,音暮。九二当决之时,刚而居柔,又得中道,故能忧惕号呼以
> 自戒备,而"莫夜有戎",亦可无患也。

象曰:"有戎""勿恤",得中道也。

九三,壮于頄,有凶。君子夬夬,独行遇雨,若濡有愠,
无咎。

> 頄,求龟反。頄,颧也。九三当决之时,以刚而过乎中,是欲决小
> 人,而刚壮见于面目也,如是则有凶道矣。然在众阳之中,独与上
> 六为应,若能果决,其决不系私爱,则虽合于上六,如"独行遇雨",
> 至于若濡,而为君子所愠。然终必能决,去小人而无所咎也。温
> 峤之于王敦,其事类此。

象曰:"君子夬夬",终无咎也。

九四,臀无肤,其行次且;牵羊悔亡,闻言不信。

> 臀,徒敦反;次,七私反;且,七余反。姤卦同。以阳居阴,不中不

正,居则不安,行则不进,若不与众阳竞进,而安出其后,则可以亡
其悔。然当决之时,志在上进,必不能也。占者闻言而信,则转凶
而吉矣。"牵羊"者,当其前则不进,纵之使前而随其后,则可以
行矣。

象曰:"其行次且",位不当也;"闻言不信",聪不明也。

九五,苋陆夬夬,中行无咎。

苋,闲辨反。苋陆,今马齿苋,感阴气之多者。九五当决之时,为
决之主,而切近上六之阴,如苋陆然。若决而决之,而又不为过
暴,合于"中行",则无咎矣。戒占者当如是也。

象曰:"中行无咎",中未光也。

程传备矣。传曰:"卦辞言'夬夬',则于'中行'为无咎矣。象复
尽其义云:'中未光也。'夫人心正意诚,乃能极中正之道,而充实
光辉。五心有所比,以义之不可而决之,虽行于外,不失中正之
义,可以无咎。然于中道未得为光大也。盖人心一有所欲,则离
道矣。夫子于此,示人之意深矣。"

上六,无号,终有凶。

阴柔小人,居穷极之时,党类已尽,无所号呼,终必有凶也。占者
有君子之德,则其敌当之,不然反是。

象曰:"无号"之"凶",终不可长也。

姤

≡(巽下乾上)**姤:女壮,勿用取女。**

姤,古后反。取,七喻反。姤,遇也。决尽则为纯乾,四月之卦。

至姤然后一阴可见,而为五月之卦。以其本非所望,而卒然值之,如不期而遇者,故为遇。遇已非正,又一阴而遇五阳,则女德不贞而壮之甚也。取以自配,必害乎阳,故其象占如此。

彖曰:姤,遇也,柔遇刚也。

释卦名。

"勿用取女",不可与长也。

释卦辞。

天地相遇,品物咸章也;

以卦体言。

刚遇中正,天下大行也。

指九五。

姤之时义大矣哉!

几微之际,圣人所谨。

象曰:天下有风,姤;后以施命诰四方。

初六,系于金柅,贞吉;有攸往,见凶,羸豕孚蹢躅。

柅,乃李反,又女纪反。柅,所以止车,以金为之,其刚可知。一阴始生,静正则吉,往进则凶,故以二义戒小人,使不害于君子,则有吉而无凶。然其势不可止也,故以"羸豕""蹢躅"晓君子,使深为之备云。

象曰:"系于金柅",柔道牵也。

牵,进也。以其进,故止之。

九二,包有鱼,无咎;不利宾。

鱼,阴物。二与初遇,为包有鱼之象。然制之在己,故犹可以无咎。若不制而使遇于众,则其为害广矣。故其象占如此。

象曰："包有鱼",义不及宾也。

九三,臀无肤,其行次且;厉,无大咎。

> 九三过刚不中,下不遇于初,上无应于上,居则不安,行则不进,故其象占如此。然既无所遇,则无阴邪之伤。故虽危厉,而"无大咎"也。

象曰："其行次且",行未牵也。

九四,包无鱼,起凶。

> 初六正应,已遇于二而不及于己,故其象占如此。

象曰："无鱼"之"凶",远民也。

> 远,袁万反。民之去己,犹己远之。

九五,以杞包瓜;含章,有陨自天。

> 瓜,阴物之在下者,甘美而善溃。杞,高大坚实之木也。五以阳刚中正,主卦于上,而下防始生必溃之阴,其象如此。然阴阳迭胜,时运之常,若能含晦章美,静以制之,则可以回造化矣。"有陨自天",本无而倏有之象也。

象曰:九五"含章",中正也;"有陨自天",志不舍命也。

> 舍,音捨。

上九,姤其角;吝,无咎。

> 角,刚乎上者也。上九以刚居上而无位,不得其遇,故其象占与九三类。

象曰："姤其角",上穷吝也。

萃

▤▤(坤下兑上)萃:亨,王假有庙,利见大人,亨,利贞;用大牲吉,利有攸往。

> 假,更白反。萃,聚也。坤顺兑说,九五刚中而二应之。又为泽上于地,万物萃聚之象,故为萃。"亨"字衍文。"王假有庙",言王者可以至于宗庙之中,王者卜祭之吉占也。祭义曰"公假于太庙"是也。庙所以聚祖考之精神,又人必能聚己之精神,则可以至于庙而承祖考也。物既聚,则必见大人而后可以得亨;然又必利于正,所聚不正,则亦不能亨也。大牲必聚而后有,聚则可以有所往,皆占吉而有戒之辞。

彖曰:萃,聚也。顺以说,刚中而应,故聚也。

> 说,音悦。以卦德、卦体释卦名义。

"王假有庙",致孝享也;"利见大人,亨",聚以正也;"用大牲吉,利有攸往",顺天命也。

> 释卦辞。

观其所聚,而天地万物之情可见矣。

> 极言其理而赞之。

象曰:泽上于地,萃;君子以除戎器,戒不虞。

> 上,时掌反。"除"者,修而聚之之谓。

初六,有孚不终,乃乱乃萃;若号,一握为笑,勿恤,往无咎。

> 号,平声。初六上应九四,而隔于二阴,当萃之时,不能自守,是"有孚"而"不终",志乱而妄聚也。若呼号正应,则众以为笑,但"勿恤"而往从正应,则无咎矣。戒占者当如是也。

象曰:"乃乱乃萃",其志乱也。

六二,引吉,无咎;孚乃利用禴。

襂,羊略反。二应五而杂于二阴之间,必牵引以萃,乃吉而无咎。
又二中正柔顺,虚中以上应。九五刚健中正,诚实而下交,故卜祭
者有其孚诚,则虽薄物,亦可以祭矣。

象曰:"引吉,无咎",中未变也。

六三,萃如嗟如,无攸利;往无咎,小吝。

六三阴柔,不中不正,上无应与,欲求萃于近而不得,故"嗟如"而
无所利。唯往从于上,可以无咎。然不得其萃,困然后往,复得阴
极无位之爻,亦可小羞矣。戒占者当近舍不正之强援,而远结正
应之穷交,则无咎矣。

象曰:"往无咎",上巽也。

九四,大吉,无咎。

上比九五,下比众阴,得其萃矣。然以阳居阴不正,故戒占者必大
吉,然后得"无咎"也。

象曰:"大吉,无咎",位不当也。

九五,萃有位,无咎;匪孚,元永贞,悔亡。

九五刚阳中正,当萃之时而居尊,固无咎矣。若有未信,则亦修其
"元永贞"之德,而悔亡矣。戒占者当如是也。

象曰:"萃有位",志未光也。

未光,谓"匪孚"。

上六,赍咨涕洟,无咎。

赍,音咨,又将啼反。洟,音夷,象同。处萃之终,阴柔无位,求萃
不得,故戒占者必如是,而后可以无咎也。

象曰:"赍咨涕洟",未安上也。

升

䷭（巽下坤上）升：元亨，用见大人，勿恤。南征吉。

> 升，进而上也。卦自解来，柔上居四，内巽外顺，九二刚中而五应之，是以其占如此。"南征"，前进也。

彖曰：柔以时升。

> 以卦变释卦名。

巽而顺，刚中而应，是以大亨。

> 以卦德、卦体释卦辞。

"用见大人，勿恤"，有庆也；"南征吉"，志行也。

象曰：地中生木，升；君子以顺德，积小以高大。

> 王肃本"顺"作"慎"。今按，他书引此亦多作"慎"，意尤明白，盖古字通用也。说见上篇蒙卦。

初六，允升，大吉。

> 初以柔顺居下，巽之主也。当升之时，巽于二阳，占者如之，则信能"升"而"大吉"矣。

象曰："允升，大吉"，上合志也。

九二，孚乃利用禴，无咎。

> 义见萃卦。

象曰：九二之"孚"，有喜也。

九三，升虚邑。

> 阳实阴虚，而坤有国邑之象。九三以阳刚当升时，而进临于坤，故其象占如此。

象曰："升虚邑",无所疑也。

六四,王用亨于岐山,吉,无咎。

> 义见随卦。

象曰："王用亨于岐山",顺事也。

> 以顺而升,登祭于山之象。

六五,贞吉,升阶。

> 以阴居阳,当升而居尊位,必能正固,则可以得吉而升阶矣。阶,
> 升之易者。

象曰："贞吉,升阶",大得志也。

上六,冥升,利于不息之贞。

> 以阴居升极,昏冥不已者也。占者遇此,无适而利,但可反其不已
> 于外之心,施之于不息之正而已。

象曰："冥升"在上,消不富也。

困

䷮(坎下兑上)困:亨;贞,大人吉,无咎;有言不信。

> 困者,穷而不能自振之义,坎刚为兑柔所掩。九二为二阴所掩,四
> 五为上六所掩,所以为困。坎险兑说,处险而说,是身虽困而道则
> 亨也。二五刚中,又有大人之象,占者处困能亨,则得其正矣。非
> 大人其孰能之? 故曰贞。又曰"大人"者,明不正之小人不能当
> 也。"有言不信",又戒以当务晦默,不可尚口,益取困穷。

象曰:困,刚掩也。

> 以卦体释卦名。

险以说,困而不失其所亨,其唯君子乎?"贞,大人吉",以刚中也;"有言不信,"尚口乃穷也。

> 说,音悦。以卦德、卦体释卦辞。

象曰:泽无水,困;君子以致命遂志。

> 水下漏,则泽上枯,故曰"泽无水"。致命,犹言授命,言持以与人而不之有也。能如是,则虽困而亨矣。

初六,臀困于株木,入于幽谷,三岁不觌。

> 臀,物之底也。困于株木,伤而不能安也。初六以阴柔处困之底,居暗之甚,故其象占如此。

象曰:"入于幽谷",幽不明也。

九二,困于酒食,朱绂方来,利用亨祀;征凶,无咎。

> 绂,音弗。亨,读作享。困于酒食,厌饫苦恼之意。酒食,人之所欲,然醉饱过宜,则是反为所困矣。朱绂方来,上应之也。九二有刚中之德,以处困时,虽无凶害,而反困于得其所欲之多,故其象如此,而其占利以享祀,若征行则非其时,故凶,而于义为无咎也。

象曰:"困于酒食",中有庆也。

六三,困于石,据于蒺藜,入于其宫,不见其妻,凶。

> 阴柔而不中正,故有此象,而其占则凶。石,指四;蒺藜,指二;宫,谓三,而妻则六也。其义则系辞备矣。

象曰:"据于蒺藜",乘刚也;"入于其宫,不见其妻",不祥也。

九四,来徐徐,困于金车,吝,有终。

> 初六,九四之正应。九四处位不当,不能济物,而初六方困于下,又为九二所隔,故其象如此。然邪不胜正,故其占虽为可吝,而必

有终也。"金车"为九二,象未详。疑坎有轮象也。

象曰:"来徐徐",志在下也;虽不当位,有与也。

九五,劓刖,困于赤绂,乃徐有说,利用祭祀。

劓,音见睽。刖,音月。说,音悦。劓刖者,伤于上下;上下既伤,则"赤绂"无所用而反为困矣。九五当困之时,上为阴掩,下则乘刚,故有此象。然刚中而说体,故能迟久而有说也。占具象中,又"利用祭祀",久当获福。

象曰:"劓刖",志未得也。"乃徐有说",以中直也。"利用祭祀",受福也。

上六,困于葛藟,于臲卼,曰动悔;有悔,征吉。

藟,力轨反。臲,五结反。卼,五骨反。以阴柔处困极,故有"困于葛藟,于臲卼,曰动悔"之象。然物穷则变,故其占曰若能有悔,则可以征而吉矣。

象曰:"困于葛藟",未当也;"动悔,有悔",吉行也。

井

▤(巽下坎上)井:改邑不改井,无丧无得,往来井井;汔至,亦未繘井,羸其瓶,凶。

丧,息浪反。汔,许讫反。繘,音橘。羸,律装反。井者,穴地出水之处。以巽木入乎坎水之下,而上出其水,故为井。改邑不改井,故"无丧无得",而往者来者,皆井其井也。汔,几也。繘,绠也,羸,败也。汲井几至,未尽绠而败其瓶,则凶也。其占为事仍旧无得丧,而又当敬勉,不可几成而败也。

象曰:巽乎水而上水,井;井养而不穷也。

> 上,时掌反。以卦象释卦名义。

"改邑不改井",乃以刚中也。"汔至,亦未繘井",未有功也。"羸其瓶",是以凶也。

> 以卦体释卦辞。"无丧无得,往来井井",两句意与"不改井"同,故不复出。刚中,以二五而言。"未有功"而败其瓶,所以凶也。

象曰:木上有水,井;君子以劳民劝相。

> 上,如字,又时掌反。劳,力报反。相,息亮反。木上有水,津润上行,井之象也。劳民者,以君养民。劝相者,使民相养,皆取"井养"之义。

初六,井泥不食,旧井无禽。

> 泥,乃计反。井以阳刚为泉,上出为功。初六以阴居下,故为此象。盖井不泉而泥,则人所不食,而禽鸟亦莫之顾也。

象曰:"井泥不食",下也。"旧井无禽",时舍也。

> 舍,音捨。言为时所弃。

九二,井谷射鲋,瓮敝漏。

> 谷,余六反,音育。射,石亦反。鲋,音附。九二刚中,有泉之象。然上无正应,下比初六,功不上行,故其象如此。

象曰:"井谷射鲋",无与也。

九三,井渫不食,为我心恻;可用汲,王明并受其福。

> 渫,息列反。渫,不停污也。井渫不食而使人"心恻","可用汲"矣。王明,则汲井以及物,而施者受者,并受其福也。九三以阳居阳,在下之上,而未为时用,故其象占如此。

象曰:"井渫不食",行恻也。求"王明",受福也。

行恻者,行道之人皆以为恻也。

六四,井甃,无咎。

甃,侧救反。以六居四,虽得其正,然阴柔不泉,则但能修治而无及物之功,故其象为"井甃",而占则"无咎"。占者能自修治,则虽无及物之功,而亦可以无咎矣。

象曰:"井甃无咎",修井也。

九五,井洌,寒泉食。

洌,音列。洌,洁也。阳刚中正,功及于物,故为此象。占者有其德,则契其象也。

象曰:"寒泉"之"食",中正也。

上六,井收勿幕,有孚元吉。

收,诗救反,又如字。幕,音莫。收,汲取也。晁氏云:收,鹿卢收縻者也。亦通。幕,蔽覆也。有孚,谓其出有源而不穷也。井以上出为功,而坎口不掩。故上六虽非阳刚,而其象如此。然占者应之,必"有孚"乃"元吉"也。

象曰:"元吉"在上,大成也。

革

䷰(离下兑上)革:巳日乃孚,元亨,利贞,悔亡。

革,变革也。兑泽在上,离火在下,火然则水干,水决则火灭。中少二女,合为一卦,而少上中下,志不相得,故其卦为革也。变革之初,人未之信,故必巳日而后信。又以其内有文明之德,而外有和说之气,故其占为有所更革,皆大亨而得其正,所革皆当,而所革之悔亡也。一有不正,则所革不信不通而反有悔矣。

象曰:革,水火相息;二女同居,其志不相得,曰革。

以卦象释卦名义。大略与睽相似,然以相违而为睽,相息而为革也。息,灭息也,又为生息之义。灭息而后生息也。

"巳日乃孚",革而信之;文明以说,大"亨"以正,革而当,其"悔"乃"亡"。

说,音悦。当,去声。以卦德释卦辞。

天地革而四时成。汤武革命,顺乎天而应乎人。革之时大矣哉!

极言而赞其大也。

象曰:泽中有火,革;君子以治历明时。

治,平声。四时之变,革之大者。

初九,巩用黄牛之革。

巩,九勇反。虽当革时,居初无应,未可有为,故为此象。巩,固也。黄,中色。牛,顺物。革,所以固物,亦取卦名而义不同也。其占为当坚确固守,而不可以有为,圣人之于变革,其谨如此。

象曰:"巩用黄牛",不可以有为也。

六二,巳日乃革之,征吉,无咎。

六二柔顺,中正而为文明之主,有应于上,于是可以革矣。然必"巳日"然后"革之",则"征吉"而"无咎"。戒占者犹未可遽变也。

象曰:"巳日""革之",行有嘉也。

九三,征凶,贞厉;革言三就,有孚。

过刚不中,居离之极,躁动于革者也。故其占有征凶贞厉之戒,然其时则当革,故至于"革言三就",则亦"有孚"而可革也。

象曰："革言三就"，又何之矣！

> 言已审。

九四，悔亡，有孚，改命吉。

> 以阳居阴，故有悔。然卦已过中，水火之际，乃革之时，而刚柔不偏，又革之用也，是以"悔亡"。然又必"有孚"，然后革乃可获"吉"。明占者有其德而当其时，又必有信，乃悔亡而得吉也。

象曰："改命"之"吉"，信志也。

九五，大人虎变，未占有孚。

> 虎，大人之象。变，谓希革而毛毨也。在大人则自新新民之极，顺天应人之时也。九五以阳刚中正为革之主，故有此象。占而得此，则有此应。然亦必自其未占之时，人已信其如此，乃足以当之耳。

象曰："大人虎变"，其文炳也。

上六，君子豹变，小人革面；征凶，居贞吉。

> 革道已成，君子如豹之变，小人亦革面以听从矣。不可以往，而居正则吉。变革之事，非得已者，不可以过，而上六之才，亦不可以有行也，故占者如之。

象曰："君子豹变"，其文蔚也；"小人革面"，顺以从君也。

> 蔚，纡胃反。

鼎

☲（巽下离上）鼎：元吉，亨。

鼎,烹饪之器。为卦下阴为足,二三四阳为腹,五阴为耳,上阳为铉,有鼎之象。又以巽木入离火而致烹饪,鼎之用也,故其卦为鼎。下巽,巽也。上离为目,而五为耳,有内巽顺而外聪明之象。卦自巽来,阴进居五,而下应九二之阳,故其占曰"元亨"。"吉",衍文也。

象曰:鼎,象也。以木巽火,亨饪也。圣人亨以享上帝,而大亨以养圣贤。

亨,普庚反。饪,入甚反。以卦体二象释卦名义,因极其大而言之:享帝贵诚,用犊而已;养贤则饔飧牢礼当极其盛,故曰"大亨"。

巽而耳目聪明,柔进而上行,得中而应乎刚,是以"元亨"。

上,时掌反。以卦象、卦变、卦体释卦辞。

象曰:木上有火,鼎;君子以正位凝命。

鼎,重器也,故有"正位凝命"之意。凝,犹"至道不凝"之凝。传所谓"协于上下,以承天休"者也。

初六,鼎颠趾,利出否;得妾以其子,无咎。

出,尺遂反,又如字。否,音鄙。居鼎之下,鼎趾之象也。上应九四则颠矣,然当卦初,鼎未有实而旧有否恶之积焉。因其颠而出之,则为利矣。得妾而因得其子,亦犹是也。此爻之象如此,而其占"无咎"。盖因败以为功,因贱以致贵也。

象曰:"鼎颠趾",未悖也;"利出否",以从贵也。

"鼎"而"颠趾","悖"道也。而因可出否以从贵,则未为悖也。"从贵"谓应四,亦为取新之意。

九二,鼎有实;我仇有疾,不我能即,吉。

仇,音求。以刚居中,鼎有实之象也。我仇,谓初阴阳相求而非正,则相陷于恶而为仇矣。二能以刚中自守,则初虽近,不能以就之,是以其象如此。而其占为如是,则吉也。

象曰:"鼎有实",慎所之也;"我仇有疾",终无尤也。

有实而不慎其所往,则为仇所即而陷于恶矣。

九三,鼎耳革,其行塞。雉膏不食;方雨亏悔,终吉。

行,下孟反。塞,悉则反。以阳居鼎腹之中,本有美实者也。然以过刚失中,越五应上,又居下之极,为变革之时,故为"鼎耳"方"革",而不可举移。虽承上卦文明之腴,有"雉膏"之美,而不得以为人之食。然以阳居阳,为得其正,苟能自守,则阴阳将和而失其悔矣。占者如是,则初虽不利而终得吉也。

象曰:"鼎耳革",失其义也。

九四,鼎折足,覆公𫗧,其形渥,凶。

折,之舌反。覆,方服反。𫗧,送六反。渥,乙角反。晁氏曰:形渥,诸本作"刑剭",谓重刑也。今从之。九四居上,任重者也,而下应初六之阴,则不胜其任矣。故其象如此,而其占凶也。

象曰:"覆公𫗧",信如何也?

言失信也。

六五,鼎黄耳,金铉,利贞。

铉,玄典反。五于象为耳,而有中德,故云"黄耳"。金,坚刚之物。铉,贯耳以举鼎者也。五虚中以应九二之坚刚,故其象如此。而其占则利在贞固而已。或曰金铉以上九而言,更详之。

象曰:"鼎黄耳",中以为实也。

上九,鼎玉铉,大吉,无不利。

上于象为铉,而以阳居阴,刚而能温,故有玉铉之象。而其占为"大吉,无不利",盖有是德则如其占也。

象曰:"玉铉"在上,刚柔节也。

震

☳(震下震上)震:亨。震来虩虩,笑言哑哑;震惊百里,不丧匕鬯。

虩,许逆反。哑,乌客反。丧,息浪反。匕,必以反。鬯,勑亮反。震,动也。一阳始生于二阴之下,震而动也,其象为雷,其属为长子。震有亨道。"震来",当震之来时也。"虩虩",恐惧惊顾之貌。"震惊百里",以雷言匕,所以举鼎实。鬯,以秬黍酒和郁金,所以灌地降神者也。"不丧匕鬯",以长子言也。此卦之占,为能恐惧则致福,而不失其所主之重。

彖曰:震,亨。

震有亨道,不待言也。

"震来虩虩",恐致福也;"笑言哑哑",后有则也。

恐致福,恐惧以致福也。则,法也。

"震惊百里",惊远而惧迩也;出可以守宗庙社稷,以为祭主也。

程子以为"迩也"下脱"不丧匕鬯"四字。今从之。出,谓继世而主祭也。或云出即鬯字之误。

象曰:洊雷,震;君子以恐惧修省。

洊,在荐反。省,悉井反。

初九,震来虩虩,后笑言哑哑,吉。

　　成震之主,处震之初,故其占如此。

象曰:"震来虩虩",恐致福也;"笑言哑哑",后有则也。

六二,震来厉,亿丧贝,跻于九陵,勿逐,七日得。

　　跻,子西反。六二乘初九之刚,故当震之来而危厉也。亿字未详。
又当丧其货贝而升于九陵之上。然柔顺中正,足以自守,故不求
而自获也。此爻占具象中。但"九陵"、"七日"之象则未详耳。

象曰:"震来厉",乘刚也。

六三,震苏苏,震行无眚。

　　苏苏,缓散自失之状,以阴居阳,当震时而居不正,是以如此。占
者若因惧而能行,以去其不正,则可以无眚矣。

象曰:"震苏苏",位不当也。

九四,震遂泥。

　　泥,乃计反。以刚处柔,不中不正,陷于二阴之间,不能自震也。
"遂"者,无反之意。泥,滞溺也。

象曰:"震遂泥",未光也。

六五,震往来,厉;亿无丧,有事。

　　丧,息浪反。以六居五而处震时,无时而不危也。以其得中,故无
所丧而能有事也。占者不失其中,则虽危无丧矣。

象曰:"震往来厉",危行也;其事在中,大无丧也。

上六,震索索,视矍矍,征凶。震不于其躬,于其邻,无
咎,婚媾有言。

　　索,桑落反。矍,俱缚反。以阴柔处震极,故为"索索"、"矍矍"之

象。以是而行,其凶必矣。然能及其震未及其身之时,恐惧修省,则可以"无咎",而亦不能免于"婚媾"之"有言"。戒占者当如是也。

象曰:"震索索",中未得也;虽"凶""无咎",畏邻戒也。

中,谓中心。

艮

䷳(艮下艮上)**艮其背,不获其身;行其庭,不见其人,无咎。**

艮,止也。一阳止于二阴之上,阳自下升,极上而止也。其象为山,取坤地而隆其上之状,亦止于极而不进之意也。其占则必能止于背,而不有其身,"行其庭",而"不见其人",乃无咎也。盖身,动物也,唯背为止。艮其背,则止于所当止也。止于所当止,则不随身而动矣,是不有其身也。如是,则虽行于庭除有人之地,而亦不见其人矣。盖"艮其背"而"不获其身"者,止而止也。"行其庭"而"不见其人"者,行而止也。动静各止其所,而皆主夫静焉,所以得无咎也。

象曰:艮,止也。时止则止,时行则行;动静不失其时,其道光明。

此释卦名,艮之义则止也。然行止各有其时,故时止而止,止也;时行而行,亦止也。艮体笃实,故又有光明之义。大畜于艮,亦以辉光言之。

艮其止,止其所也。上下敌应,不相与也。是以"不获其身,行其庭,不见其人,无咎"也。

此释卦辞。易背为止,以明背即止也。背者,止之所也。以卦体言,内外之卦,阴阳敌应而"不相与"也。不相与,则内不见己,外不见人,而无咎矣。晁氏云:"艮其止",当依卦辞作"背"。

象曰:兼山,艮;君子以思不出其位。

初六,艮其趾,无咎,利永贞。

以阴柔居艮初,为艮趾之象。占者如之,则无咎。而又以其阴柔,故又戒其"利永贞"也。

象曰:"艮其趾",未失正也。

六二,艮其腓,不拯其随,其心不快。

拯,之凌反。六二居中得正,既止其腓矣。三为限,则腓所随也。而过刚不中以止乎上,二虽中正而体柔弱,不能往而拯之,是以"其心不快"也。此爻占在象中,下爻放此。

象曰:"不拯其随",未退听也。

三止乎上,亦不肯退而听乎二也。

九三,艮其限,列其夤,厉薰心。

夤,引真反。限,身上下之际,即腰胯也。夤,膂也,止于腓,则不进而已。九三以过刚不中,当限之处,而"艮其限",则不得屈伸而上下判隔,如"列其夤"矣。危厉薰心,不安之甚也。

象曰:"艮其限",危"薰心"也。

六四,艮其身,无咎。

以阴居阴,时止而止,故为"艮其身"之象,而占得"无咎"也。

象曰:"艮其身",止诸躬也。

六五,艮其辅,言有序,悔亡。

六五当辅之处,故其象如此,而其占"悔亡"也。悔,谓以阴居阳。

象曰:"艮其辅",以中正也。

"正"字羡文,叶韵可见。

上九,敦艮,吉。

以阳刚居止之极,敦厚于止者也。

象曰:"敦艮"之"吉",以厚终也。

渐

䷴(艮下巽上)渐:女归吉,利贞。

渐,渐进也。为卦止于下而巽于上,为不遽进之义,有"女归"之象焉。又自二至五,位皆得正,故其占为"女归吉"。而又戒以"利贞"也。

彖曰:渐之进也,"女归吉"也。

"之"字疑衍,或是"渐"字。

进得位,往有功也;进以正,可以正邦也。

以卦变释"利贞"之意。盖此卦之变,自涣而来,九进居三,自旅而来,九进居五,皆为得位之正。

其位,刚得中也;

以卦体言,谓九五。

止而巽,动不穷也。

以卦德言,渐进之义。

象曰:山上有木,渐;君子以居贤德善俗。

二者皆当以渐而进。疑"贤"字衍,或"善"下有脱字。

初六,鸿渐于干;小子厉,有言,无咎。

鸿之行有序,而进有渐。干,水涯也。始进于下,未得所安,而上
复无应,故其象如此。而其占则为"小子厉",虽"有言"而于义则
无咎也。

象曰:"小子"之"厉",义"无咎"也。

六二,鸿渐于磐,饮食衍衍,吉。

衍,苦旦反。磐,大石也。渐远于水,进于磐而益安矣。衍衍,和
乐意。六二柔顺中正,进以其渐,而上有九五之应,故其象如此,
而占则吉也。

象曰:"饮食衍衍",不素饱也。

"素饱",如诗言"素餐"。得之以道,则不为徒饱而处之安矣。

九三,鸿渐于陆,夫征不复,妇孕不育,凶;利御寇。

复,房六反。鸿,水鸟,陆非所安也。九三过刚不中而无应,故其
象如此。而其占"夫征"则"不复","妇孕"则"不育",凶莫甚焉。
然以其过刚也,故"利御寇"。

象曰:"夫征不复",离群丑也;"妇孕不育",失其道也;
"利用御寇",顺相保也。

离,力智反。

六四,鸿渐于木,或得其桷,无咎。

桷,音角。鸿不木棲,桷,平柯也,或得平柯,则可以安矣。六四乘
刚而顺巽,故其象如此,占者如之,则无咎也。

象曰:"或得其桷",顺以巽也。

九五,鸿渐于陵,妇三岁不孕;终莫之胜,吉。

陵,高阜也。九五居尊,六二正应在下,而为三四所隔,然终不能
夺其正也。故其象如此,而占者如是,则吉也。

象曰："终莫之胜，吉"，得所愿也。

上九，鸿渐于陆，其羽可用为仪，吉。

> 胡氏、程氏皆云"陆"当作"逵"，谓云路也。今以韵读之，良是。仪，羽旄旌纛之饰也。上九至高，出乎人位之外，而其羽毛可用以为仪饰，位虽极高，而不为无用之象。故其占为如是，则吉也。

象曰："其羽可用为仪，吉"，不可乱也。

> 渐进愈高而不为无用，其志卓然，岂可得而乱哉！

归妹

≣（兑下震上）归妹：征凶，无攸利。

> 妇人谓嫁曰归。妹，少女也。兑以少女而从震之长男，而其情又为以说而动，皆非正也，故卦为"归妹"。而卦之诸爻，自二至五，皆不得正，三五又皆以柔乘刚，故其占"征凶"而无所利也。

彖曰：归妹，天地之大义也。天地不交，而万物不兴；归妹，人之终始也。

> 释卦名义也。归者，女之终；生育者，人之始。

说以动，所归妹也；

> 说，音悦。又以卦德言之。

"征凶"，位不当也；"无攸利"，柔乘刚也。

> 又以卦体释卦辞。男女之交，本皆正理。唯若此卦，则不得其正也。

象曰：泽上有雷，归妹；君子以永终知敝。

> 雷动泽随，"归妹"之象。君子观其合之不正，知其终之有敝也。

推之事物,莫不皆然。

初九,归妹以娣,跛能履,征吉。

娣,音弟。跛,波我反。初九居下而无正应,故为“娣”象。然阳刚在女子为贤正之德,但为娣之贱,仅能承助其君而已,故又为“跛能履”之象。而其占则“征吉”也。

象曰:“归妹以娣”,以恒也;“跛能履”,吉相承也。

恒,谓有常久之德。

九二,眇能视,利幽人之贞。

眇能视,承上爻而言。九二阳刚得中,女之贤也。上有正应,而反阴柔不正,乃女贤而配不良,不能大成内助之功,故为“眇能视”之象。而其占则“利幽人之贞”也。幽人,亦抱道守正而不偶者也。

象曰:“利幽人之贞”,未变常也。

六三,归妹以须,反归以娣。

六三阴柔而不中正,又为说之主。女之不正,人莫之取者也。故为未得所适,而“反归”为“娣”之象。或曰:须,女之贱者。

象曰:“归妹以须”,未当也。

九四,归妹愆期,迟归有时。

九四以阳居上体而无正应,贤女不轻从人,而愆期以待所归之象。正与六三相反。

象曰:“愆期”之志,有待而行也。

六五,帝乙归妹,其君之袂不如其娣之袂良;月几望,吉。

袂,弥计反。六五柔中居尊,下应九二。尚德而不贵饰,故为帝女下嫁而服不盛之象。然女德之盛,无以加此,故又为“月几望”之象。而占者如之则吉也。

象曰："帝乙归妹"，"不如其娣之袂良"也；其位在中，以贵行也。

> 以其有中德之贵而行，故不尚饰。

上六，女承筐，无实；士刲羊，无血。无攸利。

> 刲，苦圭反。上六以阴柔居归妹之终而无应，约婚而不终者也。
> 故其象如此，而于占为无所利也。

象曰：上六"无实"，承虚筐也。

丰

☲☳（离下震上）丰：亨，王假之；勿忧，宜日中。

> 假，更白反。丰，大也。以明而动，盛大之势也，故其占有"亨"道
> 焉。然王者至此，盛极当衰，则又有"忧"道焉，圣人以为徒忧无
> 益，但能守常，不至于过盛则可矣。故戒以"勿忧""宜日中"也。

彖曰：丰，大也；明以动，故丰。

> 以卦德释卦名义。

"王假之"，尚大也；"勿忧，宜日中"，宜照天下也。

> 释卦辞。

日中则昃，月盈则食；天地盈虚，与时消息，而况于人乎？
况于鬼神乎？

> 此又发明卦辞外意，言不可过中也。

象曰：雷电皆至，丰；君子以折狱致刑。

> 折，之舌反。取其威照并行之象。

初九,遇其配主,虽旬无咎,往有尚。

配主,谓四。旬,均也,谓皆阳也。当丰之时,明动相资,故初九之遇九四,虽皆阳刚,而其占如此也。

象曰:"虽旬无咎",过旬灾也。

戒占者不可求胜其配,亦爻辞外意。

六二,丰其蔀,日中见斗,往得疑疾,有孚发若,吉。

蔀,音部。六二居丰之时,为离之主,至明者也。而上应六五之柔暗,故为丰蔀"见斗"之象。蔀,障蔽也。大其障蔽,故日中而昏也。往而从之,则昏暗之主,必反见疑,唯在积其诚意以感发之则吉。戒占者宜如是也。虚中,"有孚"之象。

象曰:"有孚发若",信以发志也。

九三,丰其沛,日中见沫;折其右肱,无咎。

沫、昧同,莫佩反。折,食列反。沛,一作旆,谓旛幔也,其蔽甚于蔀矣。沫,小星也。三处明极而应上六,虽不可用,而非咎也,故其象占如此。

象曰:"丰其沛",不可大事也;"折其右肱",终不可用也。

九四,丰其蔀,日中见斗,遇其夷主,吉。

象与六二同。夷,等夷也,谓初九也。其占为当丰而遇暗主,下就同德则吉也。

象曰:"丰其蔀",位不当也;"日中见斗",幽不明也;"遇其夷主",吉行也。

六五,来章,有庆誉,吉。

质虽柔暗,若能来致天下之明,则"有庆誉"而"吉"矣。盖因其柔暗而设此以开之。占者能如是,则如其占矣。

象曰:六五之"吉",有庆也。

上六,丰其屋,蔀其家,窥其户,阒其无人,三岁不觌,凶。

> 阒,古鶪反。以阴柔居丰极,处动终,明极而反暗者也,故为丰大
> 其屋而反以自蔽之象。"无人"、"不觌",亦言障蔽之深,其凶
> 甚矣。

象曰:"丰其屋",天际翔也;"窥其户,阒其无人",自藏也。

> 藏,谓障蔽。

旅

䷷(艮下离上) 旅:小亨,旅贞吉。

> 旅,羁旅也。山止于下,火炎于上,为去其所止而不处之象,故为
> 旅。以六五得中于外,而顺乎上下之二阳。艮止而离丽于明,故
> 其占可以小亨。而能守其旅之贞则吉。旅非常居,若可苟者,然
> 道无不在。故自有其正,不可须臾离也。

象曰:"旅,小亨",柔得中乎外而顺乎刚,止而丽乎明,是以"小亨,旅贞吉"也。

> 以卦体、卦德释卦辞。

旅之时义大矣哉!

> 旅之时为难处。

象曰:山上有火,旅;君子以明慎用刑而不留狱。

> 慎刑如山,不留如火。

初六,旅琐琐,斯其所取灾。

当旅之时,以阴柔居下位,故其象占如此。

象曰:"旅琐琐",志穷灾也。

六二,旅即次,怀其资,得童仆贞。

"即次"则安,怀资则裕,得其"童仆"之贞信,则无欺而有赖,旅之最吉者也。二有柔顺中正之德,故其象占如此。

象曰:"得童仆,贞",终无尤也。

九三,旅焚其次,丧其童仆,贞厉。

丧,息浪反。象同。过刚不中,居下之上,故其象占如此。"丧其童仆",则不止于失其心矣。故"贞"字连下句为义。

象曰:"旅焚其次",亦以伤矣;以旅与下,其义"丧"也。

以旅之时,而与下之道如此,义当丧也。

九四,旅于处,得其资斧,我心不快。

以阳居阴,处上之下。用柔能下,故其象占如此。然非其正位,又上无刚阳之与,下唯阴柔之应,故其心有所不快也。

象曰:"旅于处",未得位也。"得其资斧",心未快也。

六五,射雉,一矢亡;终以誉命。

射,石亦反。雉,文明之物,离之象也。六五柔顺文明,又得中道,为离之主,故得此爻者为"射雉"之象。虽不无亡矢之费,而所丧不多,终有"誉命"也。

象曰:"终以誉命",上逮也。

上逮,言其"誉命"闻于上也。

上九,鸟焚其巢,旅人先笑后号咷;丧牛于易,凶。

丧、易,并去声。上九过刚,处旅之上,离之极,骄而不顺,凶之道也,故其象占如此。

象曰:以旅在上,其义"焚"也;"丧牛于易",终莫之闻也。

巽

☴(巽下巽上)巽:小亨,利有攸往,利见大人。

> 巽,入也。一阴伏于二阳之下,其性能巽以入也。其象为风,亦取入义。阴为主,故其占为"小亨"。以阴从阳,故又利有所往。然必知所从,乃得其正,故又曰"利见大人"也。

彖曰:重巽以申命。

> 释卦义也。巽顺而入,必究乎下,命令之象。重巽,故为"申命"也。

刚巽乎中正而志行,柔皆顺乎刚,是以"小亨,利有攸往,利见大人"。

> 以卦体释卦辞。"刚巽乎中正而志行",指九五。"柔"谓初四。

象曰:随风,巽;君子以申命行事。

> 随,相继之义。

初六,进退,利武人之贞。

> 初以阴居下,为巽之主。卑巽之过,故为进退不果之象。若以"武人之贞"处之,则有以济其所不及,而得所宜矣。

象曰:"进退",志疑也;"利武人之贞",志治也。

九二,巽在床下,用史巫纷若,吉,无咎。

> 二以阳处阴而居下,有不安之意,然当巽之时,不厌其卑,而二又

居中,不至已甚,故其占为能过于巽,而丁宁烦悉其辞以自道达,
则可以吉而无咎,亦竭诚意以祭祀之吉占也。

象曰:"纷若"之"吉",得中也。

九三,频巽,吝。

过刚不中,居下之上,非能巽者,勉为屡失,"吝"之道也,故其象占
如此。

象曰:"频巽"之"吝",志穷也。

六四,悔亡,田获三品。

阴柔无应,承乘皆刚,宜有悔也。而以阴居阴,处上之下,故得"悔
亡"。而又为卜田之吉占也。"三品"者,一为干豆,一为宾客,一
为充庖。

象曰:"田获三品",有功也。

九五,贞吉,悔亡,无不利。无初有终。先庚三日,后庚
三日,吉。

先,西荐反。后,胡豆反。九五刚健中正,而居巽体,故有悔。以
有贞而吉也,故得亡其悔而无不利。有悔,是无初也;亡之,是有
终也。庚,更也,事之变也。先庚三日,丁也;后庚三日,癸也。
丁,所以丁宁于其变之前;癸,所以揆度于其变之后。有所变更而
得此占者,如是则吉也。

象曰:九五之"吉",位正中也。

上九,巽在床下,丧其资斧,贞凶。

丧,息浪反。下同。巽在床下,过于巽者也。丧其资斧,失所以断
也。如是,则虽贞亦凶矣。居巽之极,失其阳刚之德,故其象占
如此。

象曰:"巽在床下",上穷也;"丧其资斧",正乎凶也。

"正乎凶",言必凶。

兑

䷹(兑下兑上)兑:亨,利贞。

兑,说也,一阴进乎二阳之上,喜之见乎外也。其象为泽,取其说万物,又取坎水而塞其下流之象。卦体刚中而柔外。刚中故说而亨,柔外故利于贞。盖说有亨道,而其妄说不可以不戒,故其占如此。又柔外故为说亨,刚中故利于贞,亦一义也。

彖曰:兑,说也。

说,音悦。下同。释卦名义。

刚中而柔外,说以利贞,是以顺乎天而应乎人。说以先民,民忘其劳;说以犯难,民忘其死;说之大,民劝矣哉!

先,西荐反,又如字。难,乃旦反。以卦体释卦辞,而极言之。

象曰:丽泽,兑;君子以朋友讲习。

两泽相丽,互相滋益,朋友讲习,其象如此。

初九,和兑,吉。

以阳爻居说体而处最下,又无系应,故其象占如此。

象曰:"和兑"之"吉",行未疑也。

居卦之初,其说也正,未有所疑也。

九二,孚兑,吉,悔亡。

刚中为"孚",居阴为"悔"。占者以孚而说,则吉而悔亡矣。

象曰:"孚兑"之"吉",信志也。

六三,来兑,凶。

阴柔不中正,为兑之主。上无所应,而反来就二阳以求说,凶之
道也。

象曰:"来兑"之"凶",位不当也。

九四,商兑未宁,介疾有喜。

四上承九五之中正,而下比六三之柔邪,故不能决而商度,所说未
能有定。然质本阳刚,故能介然守正,而疾恶柔邪也。如此则有
喜矣。象占如此,为戒深矣。

象曰:九四之"喜",有庆也。

九五,孚于剥,有厉。

剥,谓阴能剥阳者也。九五阳刚中正,然当说之时,而居尊位,密
近上六。上六阴柔,为说之主,处说之极,能安说以剥阳者也。故
其占但戒以信于上六,则有危也。

象曰:"孚于剥",位正当也。

与履九五同。

上六,引兑。

上六成说之主,以阴居说之极,引下二阳相与为说,而不能必其从
也。故九五当戒,而此爻不言其吉凶。

象曰:上六"引兑",未光也。

涣

☵☴(坎下巽上) **涣:亨,王假有庙,利涉大川,利贞。**

涣,呼乱反。假,庚白反。涣,散也。为卦下坎上巽,风行水上,离

披解散之象,故为涣。其变则本自渐卦,九来居二而得中,六往居三得九之位,而上同于四,故其占可亨。又以祖考之精神既散,故王者当至于庙以聚之。又以巽木坎水,舟楫之象,故"利涉大川"。其曰"利贞",则占者之深戒也。

彖曰:涣,亨,刚来而不穷,柔得位乎外而上同。

上,如字,又时掌反。以卦变释卦辞。

"王假有庙",王乃在中也。

中,谓庙中。

"利涉大川",乘木有功也。

象曰:风行水上,涣;先王以享于帝,立庙。

皆所以合其散。

初六,用拯,马壮,吉。

居卦之初,涣之始也。始涣而拯之,为力既易,又有壮马,其吉可知。初六非有济涣之才,但能顺乎九二,故其象占如此。

象曰:初六之"吉",顺也。

九二,涣奔其机,悔亡。

机,音几。九而居二,宜有悔也。然当涣之时,来而不穷,能亡其悔者也,故其象占如此,盖九"奔"而二"机"也。

象曰:"涣奔其机",得愿也。

六三,涣其躬,无悔。

阴柔而不中正,有私于己之象也。然居得阳位,志在济时,能散其私以得"无悔",故其占如此。大率此上四爻,皆因涣以济涣者也。

象曰:"涣其躬",志在外也。

六四,涣其群,元吉;涣有丘,匪夷所思。

居阴得正,上承九五,当济涣之任者也。下无应与,为能散其朋党之象。占者如是,则大善而吉。又言能散其小群以成大群,使所散者聚而若丘,则非常人思虑之所及也。

象曰:"涣其群,元吉",光大也。

九五,涣汗其大号,涣王居,无咎。

阳刚中正,以居尊位。当涣之时,能散其号令,与其居积,则可以济涣而无咎矣。故其象占如此。九五巽体,有号令之象。汗,谓如汗之出而不反也。"涣王居",如陆贽所谓散小储而成大储之意。

象曰:"王居""无咎",正位也。

上九,涣其血去逖出,无咎。

去,起吕反。上九以阳居涣极,能出乎涣,故其象占如此。血,谓伤害。逖,当作惕,与小畜六四同。言涣其血则去,涣其惕则出也。

象曰:"涣其血",远害也。

远,袁万反。

节

☵(兑下坎上)节:亨;苦节,不可贞。

节,有限而止也。为卦下兑上坎,泽上有水,其容有限,故为"节"。节固自有亨道矣。又其体阴阳各半,而二五皆阳,故其占得"亨"。然至于太甚则苦矣,故又戒以不可守以为贞也。

彖曰:节,亨,刚柔分而刚得中。

以卦体释卦辞。

"苦节,不可贞",其道穷也。

又以理言。

说以行险,当位以节,中正以通。

说,音悦。又以卦德、卦体言之。当位中正,指五。又坎为通。

天地节而四时成;节以制度,不伤财,不害民。

极言节道。

象曰:泽上有水,节;君子以制数度,议德行。

行,下孟反。

初九,不出户庭,无咎。

户庭,户外之庭也。阳刚得正,居节之初,未可以行,能节而止者也,故其象占如此。

象曰:"不出户庭",知通塞也。

塞,悉则反。

九二,不出门庭,凶。

门庭,门内之庭也。九二当可行之时,而失刚不正,上无应与,知节而不知通,故其象占如此。

象曰:"不出门庭,凶",失时极也。

六三,不节若,则嗟若,无咎。

阴柔而不中正,以当节时,非能节者,故其象占如此。

象曰:"不节"之"嗟",又谁咎也!

此"无咎"与诸爻异,言无所归咎也。

六四,安节,亨。

柔顺得正,上承九五,自然有节者也,故其象占如此。

象曰:"安节"之"亨",承上道也。

九五,甘节,吉,往有尚。

　　所谓当位以节,中正以通者也,故其象占如此。

象曰:"甘节"之"吉",居位中也。

上六,苦节;贞凶,悔亡。

　　居节之极,故为"苦节"。既处过极,故虽得正而不免于凶。然礼
　　奢宁俭,故虽有悔,而终得亡之也。

象曰:"苦节,贞凶",其道穷也。

中孚

☰(兑下巽上)中孚:豚鱼吉,利涉大川,利贞。

　　孚,信也。为卦二阴在内,四阳在外,而二五之阳皆得其中,以一
　　卦言之为中虚,以二体言之为中实,皆孚信之象也。又下说以应
　　上,上巽以顺下,亦为孚义。豚鱼,无知之物。又木在泽上,外实
　　内虚,皆舟楫之象。至信可感,豚鱼涉险难,而不可以失其贞,故
　　占者能致豚鱼之应,则吉而"利涉大川",又必利于贞也。

彖曰:中孚,柔在内而刚得中;说而巽,孚乃化邦也。

　　说,音悦。以卦体、卦德释卦名义。

"豚鱼吉",信及豚鱼也;"利涉大川",乘木舟虚也。

　　以卦象言。

中孚以利贞,乃应乎天也。

　　信而正,则应乎天矣。

象曰:泽上有风,中孚;君子以议狱缓死。

风感水受,中孚之象。"议狱缓死",中孚之意。

初九,虞吉,有他不燕。

他,汤何反。当中孚之初,上应六四,能度其可信而信之则吉。复有他焉,则失其所以度之之正,而不得其所安矣,戒占者之辞也。

象曰:初九"虞吉",志未变也。

九二,鸣鹤在阴,其子和之;我有好爵,吾与尔靡之。

和,胡卧反。靡,亡池反。九二中孚之实,而九五亦以中孚之实应之,故有鹤鸣子和、我爵尔靡之象。鹤在阴,谓九居二。好爵,谓得中。靡与縻同。言懿德人之所好,故好爵虽我之所独有,而彼亦系恋之也。

象曰:"其子和之",中心愿也。

六三,得敌,或鼓或罢,或泣或歌。

敌,谓上九,信之穷者。六三阴柔不中正,以居说极而与之为应,故不能自主,而其象如此。

象曰:"或鼓或罢",位不当也。

六四,月几望,马匹亡,无咎。

几,音机。望,无方反。六四居阴得正,位近于君,为"月几望"之象。马匹,谓初与己为匹,四乃绝之,而上以信于五,故为"马匹亡"之象。占者如是则无咎也。

象曰:"马匹亡",绝类上也。

上,上声。

九五,有孚挛如,无咎。

挛,力圆反。九五刚健中正,中孚之实,而居尊位,为孚之主者也。下应九二,与之同德,故其象占如此。

象曰："有孚挛如",位正当也。

上九,翰音登于天,贞凶。

> 居信之极而不知变,虽得其贞,亦凶道也。故其象占如此。鸡曰翰音,乃巽之象。居巽之极,为登于天。鸡非登天之物,而欲登天,信非所信而不知变,亦犹是也。

象曰："翰音登于天",何可长也!

小过

䷽(艮下震上)小过:亨,利贞;可小事,不可大事;飞鸟遗之音,不宜上,宜下,大吉。

> 小,谓阴也。为卦四阴在外,二阳在内,阴多于阳,小者过也。既过于阳,可以亨矣。然必利于守贞,则又不可以不戒也。卦之二五,皆以柔而得中,故"可小事"。三四皆以刚失位而不中,故"不可大事"。卦体内实外虚,如鸟之飞,其声下而不上,故能致"飞鸟遗音"之应,则"宜下"而"大吉",亦不可大事之类也。

彖曰:小过,小者过而亨也。

> 以卦体释卦名义与其辞。

过以"利贞",与时行也。柔得中,是以"小事吉"也。

> 以二五言。

刚失位而不中,是以"不可大事"也。

> 以三四言。

有飞鸟之象焉,"飞鸟遗之音,不宜上,宜下,大吉",上逆而下顺也。

以卦体言。

象曰：山上有雷，小过；君子以行过乎恭，丧过乎哀，用过乎俭。

> 山上有雷，其声小过，三者之过，皆小者之过，可过于小而不可过于大，可以小过而不可甚过。象所谓"可小事"而"宜下"者也。

初六，飞鸟以凶。

> 初六阴柔，上应九四，又居过时，上而不下者也。飞鸟遗音，不宜上，宜下。故其象占如此。郭璞洞林：占得此者，或致羽虫之孽。

象曰："飞鸟以凶"，不可如何也。

六二，过其祖，遇其妣；不及其君，遇其臣，无咎。

> 六二柔顺中正，进则过三四而遇六五，是过阳而反遇阴也。如此，则不及六五而自得其分，是"不及君"而适"遇其臣"也。皆过而不过、守正得中之意，无咎之道也，故其象占如此。

象曰："不及其君"，臣不可过也。

> 所以不及君而还遇臣者，以臣不可过故也。

九三，弗过防之，从或戕之，凶。

> 戕，在良反。小过之时，事每当过然后得中，九三以刚居正，众阴所欲害者也。而自恃其刚，不肯过为之备，故其象占如此。若占者能过防之，则可以免矣。

象曰："从或戕之"，凶如何也！

九四，无咎，弗过遇之；往厉必戒，勿用永贞。

> 当过之时，以刚处柔，过乎恭矣，无咎之道也。"弗过遇之"，言弗过于刚而适合其宜也，往则过矣，故有厉而当戒。阳性坚刚，故又戒以"勿用永贞"。言当随时之宜，不可固守也。或曰：弗过遇之，

若以六二爻例，则当如此说；若依九三爻例，则过遇当如过防之
义。未详孰是，当阙以俟知者。

象曰："弗过遇之"，位不当也；"往厉必戒"，终不可
长也。

爻义未明，此亦当阙。

六五，密云不雨，自我西郊；公弋取彼在穴。

弋，余职反。以阴居尊，又当阴过之时，不能有为，而弋取六二以
为助，故有此象。在穴，阴物也。两阴相得，其不能济大事可知。

象曰："密云不雨"，已上也。

已上，太高也。

上六，弗遇过之；飞鸟离之，凶，是谓灾眚。

眚，生领反。六以阴居动体之上，处阴过之极，过之已高而甚远者
也，故其象占如此。或曰：遇过，恐亦只当作"过遇"，义同九四。
未知是否。

象曰："弗遇过之"，已亢也。

既济

≡≡(离下坎上)既济：亨小，利贞；初吉，终乱。

既济，事之既成也。为卦水火相交，各得其用，六爻之位，各得其
正，故为既济。亨小，当为"小亨"。大抵此卦及六爻占辞皆有警
戒之意，时当然也。

象曰：既济，亨，小者亨也。

"济"下疑脱"小"字。

"利贞",刚柔正而位当也。

> 以卦体言。

"初吉",柔得中也。

> 指六二。

"终"止则"乱",其道穷也。

象曰:水在火上,既济;君子以思患而豫防之。

初九,曳其轮,濡其尾,无咎。

> 曳,以制反。濡,音如。轮在下,尾在后,初之象也。曳轮则车不前,濡尾则狐不济。既济之初谨戒如是,无咎之道。占者如是则无咎矣。

象曰:"曳其轮",义无咎也。

六二,妇丧其茀,勿逐,七日得。

> 丧,息浪反。茀,力佛反。二以文明中正之德,上应九五刚阳中正之君,宜得行其志。而九五居既济之时,不能下贤以行其道,故二有"妇丧其茀"之象。茀,妇车之蔽,言失其所以行也。然中正之道不可终废,时过则行矣。故又有勿逐而自得之戒。

象曰:"七日得",以中道也。

九三,高宗伐鬼方,三年克之;小人勿用。

> 既济之时,以刚居刚,"高宗伐鬼方"之象也。三年克之,言其久而后克。戒占者不可轻动之意。小人勿用,占法与师上六同。

象曰:"三年克之",惫也。

> 惫,蒲拜反。

六四,繻有衣袽,终日戒。

> 繻,而朱反。袽,女居反。既济之时,以柔居柔,能预备而戒惧者

也。故其象如此。程子曰：缙当作濡。衣袽，所以塞舟之罅漏。

象曰："终日戒"，有所疑也。

九五，东邻杀牛，不如西邻之禴祭，实受其福。

东阳西阴，言九五居尊而时已过，不如六二之在下而始得时也。

又当文王与纣之事，故其象占如此。象辞"初吉终乱"，亦此意也。

象曰：东邻杀牛，不如西邻之时也。"实受其福"，吉大
来也。

上六，濡其首，厉。

既济之极，险体之上，而以阴柔处之，为狐涉水而濡其首之象。占
者不戒，危之道也。

象曰："濡其首，厉"，何可久也！

未济

䷿（坎下离上）未济：亨；小狐汔济，濡其尾，无攸利。

汔，许讫反。未济，事未成之时也。水火不交，不相为用，卦之六
爻皆失其位，故为未济。汔，几也。几济而濡尾，犹未济也。占者
如此，何所利哉！

象曰："未济：亨"，柔得中也。

指六五言。

"小狐汔济"，未出中也；"濡其尾，无攸利"，不续终也。
虽不当位，刚柔应也。

象曰：火在水上，未济；君子以慎辨物居方。

水火异物,各居其所,故君子观象而审辨之。

初六,濡其尾,吝。

以阴居下,当未济之初,未能自进,故其象占如此。

象曰:"濡其尾",亦不知极也。

"极"字未详。考上下韵亦不叶,或恐是"敬"字,今且阙之。

九二,曳其轮,贞吉。

以九二应六五,而居柔得中,为能自止而不进,得为下之正也。故其象占如此。

象曰:九二"贞吉",中以行正也。

九居二,本非正,以中故得正也。

六三,未济,征凶,利涉大川。

阴柔不中正,居未济之时,以征则凶。然以柔乘刚,将出乎坎,有"利涉"之象,故其占如此。盖行者可以水浮,而不可以陆走也。

或疑"利"字上当有"不"字。

象曰:"未济,征凶",位不当也。

九四,贞吉,悔亡;震用伐鬼方,三年有赏于大国。

以九居四,不正而有悔也。能勉而贞,则悔亡矣。然以不贞之资,欲勉而贞,非极其阳刚用力之久不能也。故为伐鬼方三年而受赏之象。

象曰:"贞吉,悔亡",志行也。

六五,贞吉,无悔;君子之光,有孚,吉。

以六居五,亦非正也。然文明之主,居中应刚,虚心以求下之助,故得贞而吉且无悔;又有光辉之盛,信实而不妄,吉而又吉也。

象曰:"君子之光",其晖"吉"也。

"晖"者,光之散也。

上九,有孚于饮酒,无咎;濡其首,有孚失是。

　　以刚明居未济之极,时将可以有为,而自信自养以俟命,无咎之道
也。若纵而不反,如狐之涉水而"濡其首",则过于自信而失其
义矣。

象曰:"饮酒""濡首",亦不知节也。

周易卷之三

系辞上传

传，去声。后同。

系辞，本谓文王、周公所作之辞，系于卦爻之下者，即今经文。此篇乃孔子所述系辞之传也。以其通论一经之大体凡例，故无经可附，而自分上下云。

第一章

天尊地卑，乾坤定矣。卑高以陈，贵贱位矣。动静有常，刚柔断矣。方以类聚，物以群分，吉凶生矣。在天成象，在地成形，变化见矣。

断，丁乱反。见，贤遍反。"天地"者，阴阳形气之实体；"乾坤"者，易中纯阴纯阳之卦名也。"卑高"者，天地万物上下之位；"贵贱"者，易中卦爻上下之位也。"动"者，阳之常；"静"者，阴之常。"刚柔"者，易中卦爻阴阳之称也。"方"，谓事情所向，言事物善恶，各以类分。而"吉凶"者，易中卦爻占决之辞也。"象"者，日月星辰之属；"形"者，山川动植之属。"变化"者，易中蓍策卦爻，阴变为阳，阳化为阴者也。此言圣人作易，因阴阳之实体，为卦爻之法象。庄周所谓"易以道阴阳"，此之谓也。

是故刚柔相摩，八卦相荡。

荡，徒浪反。此言易卦之变化也。六十四卦之初，刚柔两画而已，两相摩而为四，四相摩而为八，八相荡而为六十四。

鼓之以雷霆，润之以风雨；日月运行，一寒一暑。

此变化之成象者。

乾道成男，坤道成女。

此变化之成形者。此两节又明易之见于实体者，与上文相发明也。

乾知大始，坤作成物。

知，犹主也。乾主始物而坤作成之。承上文男女而言乾坤之理。盖凡物之属乎阴阳者，莫不如此。大抵阳先阴后，阳施阴受。阳之轻清未形，而阴之重浊有迹也。

乾以易知，坤以简能；

易，以豉反。乾健而动，即其所知，便能始物而无所难，故为以易而知大始。坤顺而静，凡其所能，皆从乎阳而不自作，故为以简而能成物。

易则易知，简则易从；易知则有亲，易从则有功；有亲则可久，有功则可大；可久则贤人之德，可大则贤人之业。

人之所为，如乾之易，则其心明白，而人"易知"；如坤之简，则其事要约而人"易从"。易知，则与之同心者多，故"有亲"；易从，则与之协力者众，故"有功"。有亲则一于内，故"可久"；有功则兼于外,故"可大"。德,谓得于己者;业,谓成于事者。上言乾坤之德不同,此言人法乾坤之道,至此则可以为贤矣。

易简,而天下之理得矣;天下之理得,而成位乎其中矣。

成位,谓成人之位。其中,谓天地之中。至此则体道之极功,圣人之能事,可以与天地参矣。

右第一章

此章以造化之实,明作经之理。又言乾坤之理,分见于天地,而人兼体之也。

第二章

圣人设卦观象,系辞焉而明吉凶。

象者,物之似也。此言圣人作易,观卦爻之象,而系以辞也。

刚柔相推,而生变化。

言卦爻阴阳迭相推荡,而阴或变阳,阳或化阴,圣人所以观象而系辞,众人所以因著而求卦者也。

是故吉凶者,失得之象也;悔吝者,忧虞之象也。

"吉凶""悔吝"者,易之辞也。"失得""忧虞"者,事之变也。得则吉,失则凶,忧虞虽未至凶,然已足以致悔而取羞矣。盖吉凶相对,而悔吝居其中间,悔自凶而趋吉,吝自吉而向凶也。故圣人观卦爻之中,或有此象,则系之以此辞也。

变化者,进退之象也;刚柔者,昼夜之象也。六爻之动,三极之道也。

柔变而趋于刚者,退极而进也;刚化而趋于柔者,进极而退也。既变而刚,则昼而阳矣。既化而柔,则夜而阴矣。六爻,初、二为地,三、四为人,五、上为天。动,即变化也。极,至也。三极,天地人之至理,三才各一太极也。此明刚柔相推以生变化,而变化之极复为刚柔。流行于一卦六爻之间,而占者得因所值以断吉凶也。

是故君子所居而安者,**易**之序也;所乐而玩者,爻之辞也。

乐,音洛。**易**之序,谓卦爻所著事理当然之次第。玩者,观之详。

是故君子居则观其象而玩其辞,动则观其变而玩其占。是以"自天祐之,吉无不利"。

象辞变已见上。凡单言变者,化在其中,占,谓其所值吉凶之决也。

右第二章

此章言圣人作易,君子学易之事。

第三章

象者,言乎象者也;爻者,言乎变者也。

象,谓卦辞,文王所作者;爻,谓爻辞,周公所作者。象,指全体而言;变,指一节而言。

"吉凶"者,言乎其失得也;"悔吝"者,言乎其小疵也;"无咎"者,善补过也。

此卦爻辞之通例。

是故列贵贱者存乎位,齐小大者存乎卦,辩吉凶者存乎辞。

位,谓六爻之位。齐,犹定也。小,谓阴;大,谓阳。

忧悔吝者存乎介,震无咎者存乎悔。

上"悔",乎罪反。下"悔",呼对反。介,谓辩别之端,盖善恶已动
而未形之时也。于此忧之,则不至于悔吝矣。震,动也。知悔则
有以动其补过之心,而可以无咎矣。

是故卦有小大,辞有险易;辞也者,各指其所之。

易,以豉反。小险大易,各随所向。

右第三章

此章释卦爻辞之通例。

第四章

易与天地准,故能弥纶天地之道。

易书卦爻,具有天地之道,与之齐准。弥,如弥缝之弥,有终竟联
合之意;纶,有选择条理之意。

仰以观于天文,俯以察于地理,是故知幽明之故;原始反终,故知死生之说;精气为物,游魂为变,是故知鬼神之情状。

此穷理之事。以者,圣人以易之书也,易者阴阳而已。"幽明"、
"死生"、"鬼神",皆阴阳之变,天地之道也。"天文"则有昼夜上
下,"地理"则有南北高深。"原"者,推之于前;"反"者,要之于
后。阴精阳气,聚而成物,神之伸也;魂游魄降,散而为变,鬼之
归也。

与天地相似,故不违;知周乎万物而道济天下,故不过;

旁行而不流,乐天知命,故不忧;安土敦乎仁,故能爱。

> 知,音智。乐,音洛。"知命"之知,如字。此圣人尽性之事也。天地之道,知仁而已。"知周万物"者,天也。"道济天下"者,地也。知且仁,则知而不过矣。"旁行"者,行权之知也。"不流"者,守正之仁也。既乐天理,而又知天命,故能无忧,而其知益深,随处皆安而无一息之不仁,故能不忘其济物之心而仁益笃,盖仁者爱之理,爱者仁之用,故其相为表里如此。

范围天地之化而不过,曲成万物而不遗,通乎昼夜之道而知,故神无方而易无体。

> 此圣人至命之事也。范,如铸金之有模范;围,匡郭也。天地之化无穷,而圣人为之范围,不使过于中道,所谓裁成者也。通,犹兼也。昼夜,即"幽明"、"生死"、"鬼神"之谓。如此,然后可见至神之妙,无有方所,易之变化,无有形体也。

右第四章

> 此章言易道之大,圣人用之如此。

第五章

一阴一阳之谓道。

> 阴阳迭运者,气也。其理则所谓道。

继之者善也,成之者性也。

> 道具于阴而行乎阳。继,言其发也。善,谓化育之功,阳之事也。成,言其具也。性,谓物之所受,言物生则有性,而各具是道也,阴之事也。周子、程子之书言之备矣。

仁者见之谓之仁,知者见之谓之知,百姓日用而不知,故君子之道鲜矣。

> 知,音智。"不知"之知,如字。鲜,息浅反。仁阳知阴,各得是道之一隅,故随其所见而目为全体也。日用不知,则莫不饮食,鲜能知味者。又其每下者也,然亦莫不有是道焉。或曰:上章以知属乎天,仁属乎地,与此不同,何也?曰:彼以清浊言,此以动静言。

显诸仁,藏诸用,鼓万物而不与圣人同忧,盛德大业,至矣哉!

> 显,自内而外也。仁,谓造化之功,德之发也。藏,自外而内也。用,谓机缄之妙,业之本也。程子曰:天地无心而成化,圣人有心而无为。

富有之谓大业,日新之谓盛德。

> 张子曰:富有者,大而无外;日新者,久而无穷。

生生之谓易。

> 阴生阳,阳生阴,其变无穷。理与书皆然也。

成象之谓乾,效法之谓坤。

> 效,呈也。法,谓造化之详密而可见者。

极数知来之谓占,通变之谓事。

> 占,筮也。事之未定者,属乎阳也。事,行事也。占之已决者,属乎阴也。"极数知来",所以通事之变。张忠定公言:公事有阴阳,意盖如此。

阴阳不测之谓神。

> 张子曰:两在,故不测。

　　右第五章

此章言道之体用,不外乎阴阳,而其所以然者,则未尝倚于阴阳也。

第六章

夫易,广矣大矣! 以言乎远则不御,以言乎迩则静而正,以言乎天地之间则备矣。

夫,音扶。下同。不御,言无尽。静而正,言即物而理存。备,言无所不有。

夫乾,其静也专,其动也直,是以大生焉;夫坤,其静也翕,其动也辟,是以广生焉。

翕,虚级反。辟,婢亦反。乾坤各有动静,于其四德见之,静体而动用,静别而动交也。乾一而实,故以质言而曰大;坤二而虚,故以量言而曰广。盖天之形虽包于地之外,而其气常行乎地之中也。易之所以广大者以此。

广大配天地,变通配四时,阴阳之义配日月,易简之善配至德。

易,以豉反。易之广大变通,与其所言阴阳之说、易简之德,配之天道人事则如此。

右第六章

第七章

子曰:"易其至矣乎! 夫易,圣人所以崇德而广业也。

知崇礼卑,崇效天,卑法地。

> 知,音智。十翼皆夫子所作,不应自著"子曰"字,疑皆后人所加
> 也。穷理,则知崇如天而德崇;循理,则礼卑如地而业广。此其取
> 类,又以清浊言也。

天地设位,而易行乎其中矣。成性存存,道义之门。"

> "天地设位"而变化行,犹知礼存性而道义出也。"成性",本成之
> 性也。"存存",谓存而又存,不已之意也。

右第七章

第八章

圣人有以见天下之赜,而拟诸其形容,象其物宜,是故谓
之象。

> 赜,杂乱也。象,卦之象,如说卦所列者。

圣人有以见天下之动,而观其会通,以行其典礼,系辞焉
以断其吉凶,是故谓之爻。

> 断,丁玩反。会,谓理之所聚而不可遗处;通,谓理之可行而无所
> 碍处。如庖丁解牛,会则其族,而通则其虚也。

言天下之至赜而不可恶也,言天下之至动而不可乱也。

> 恶,乌路反。恶,犹厌也。

拟之而后言,议之而后动,拟议以成其变化。

> 观象玩辞,观变玩占,而法行之。此下七爻,则其例也。

"鸣鹤在阴,其子和之。我有好爵,吾与尔靡之。"子曰:

"君子居其室,出其言善,则千里之外应之,况其迩者乎? 居其室,出其言不善,则千里之外违之,况其迩者乎? 言出乎身,加乎民;行发乎迩,见乎远。言行,君子之枢机。枢机之发,荣辱之主也。言行,君子之所以动天地也,可不慎乎?"

和,胡卧反。靡,音縻。行,下孟反。见,贤遍反。释中孚九二爻义。

"同人先号咷而后笑。"子曰:"君子之道,或出或处,或默或语。二人同心,其利断金;同心之言,其臭如兰。"

断,丁管反。臭,昌又反。释同人九五爻义。言君子之道,初若不同,而后实无间。"断金"、"如兰",言物莫能间,而其言有味也。

"初六,借用白茅,无咎。"子曰:"苟错诸地而可矣,借之用茅,何咎之有? 慎之至也。夫茅之为物薄,而用可重也。慎斯术也以往,其无所失矣。"

借,在夜反。错,音措。夫,音扶。释大过初六爻义。

"劳谦,君子有终,吉。"子曰:"劳而不伐,有功而不德,厚之至也。语以其功下人者也。德言盛,礼言恭;谦也者,致恭以存其位者也。"

释谦九三爻义。"德言盛,礼言恭",言德欲其盛,礼欲其恭也。

"亢龙有悔。"子曰:"贵而无位,高而无民,贤人在下位而无辅,是以动而有悔也。"

释乾上九爻义。当属文言,此盖重出。

"不出户庭,无咎。"子曰:"乱之所生也,则言语以为阶。

君不密则失臣，臣不密则失身，几事不密则害成，是以君子慎密而不出也。"

几，音机。释节初九爻义。

子曰："作易者，其知盗乎？易曰：'负且乘，致寇至。'负也者，小人之事也；乘也者，君子之器也。小人而乘君子之器，盗思夺之矣；上慢下暴，盗思伐之矣。慢藏诲盗，冶容诲淫。易曰：'负且乘，致寇至。'盗之招也。"

藏，才浪反。释解六三爻义。

　右第八章

此章言卦爻之用。

第九章

天一，地二；天三，地四；天五，地六；天七，地八；天九，地十。

此简本在第十章之首。程子曰宜在此，今从之。此言天地之数阳奇阴偶，即所谓河图者也。其位一六居下，二七居上，三八居左，四九居右，五十居中。就此章而言之，则中五为衍母，次十为衍子，次一二三四为四象之位，次六七八九为四象之数。二老位于西北，二少位于东南，其数则各以其类交错于外也。

天数五，地数五，五位相得而各有合。天数二十有五，地数三十，凡天地之数五十有五。此所以成变化而行鬼神也。

此简本在"大衍"之后,今按宜在此。天数五者,一三五七九皆奇也;地数五者,二四六八十皆耦也。相得,谓一与二,三与四,五与六,七与八,九与十,各以奇耦为类而自相得。有合,谓一与六,二与七,三与八,四与九,五与十,皆两相合。二十有五者,五奇之积也;三十者,五耦之积也。变化,谓一变生水而六化成之,二化生火而七变成之,三变生木而八化成之,四化生金而九变成之;五变生土而十化成之。鬼神,谓凡奇耦生成之屈伸往来者。

大衍之数五十,其用四十有九。分而为二以象两,挂一以象三,揲之以四以象四时,归奇于扐以象闰,五岁再闰,故再扐而后挂。

揲,时设反。奇,纪宜反。扐,郎得反。大衍之数五十,盖以河图中宫天五乘地十而得之。至用以筮,则又止用四十有九,盖皆出于理势之自然,而非人之知力所能损益也。两,谓天地也。挂,悬其一于左手小指之间也。三,三才也。揲,间而数之也。奇,所揲四数之余也。扐,勒于左手中三指之两间也。闰,积月之余日而成月者也。五岁之间,再积日而再成月。故五岁之中,凡有再闰,然后别起积分,如一挂之后,左右各一揲而一扐,故五者之中,凡有再扐,然后别起一挂也。

乾之策二百一十有六,坤之策百四十有四,凡三百有六十,当期之日。

期,音基。凡此策数生于四象,盖河图四面,太阳居一而连九,少阴居二而连八,少阳居三而连七,太阴居四而连六。揲蓍之法则通计三变之余,去其初挂之一,凡四为奇,凡八为耦,奇圆围三,耦方围四,三用其全,四用其半,积而数之,则为六七八九。而第三变揲数策数,亦皆符会。盖余三奇则九,而其揲亦九,策亦四九三十六,是为居一之太阳,余二奇一耦则八,而其揲亦八,策亦四八三十二,是为居二之少阴,二耦一奇则七,而其揲亦七,策亦四七二十八,是为居三之少阳,三耦则六,而其揲亦六,策亦四六二十四,是为居四之老阴,是其变化往来进退离合之妙皆出自然,非人之所能为也。少阴退而未极乎虚,少阳进而未极乎盈,故此独以老阳老阴计乾坤六爻之策数,余可推而知也。期,周一岁也。凡三百六十五日四分日之一,此特举成数而概言之耳。

二篇之策,万有一千五百二十,当万物之数也。

二篇,谓上下经。凡阳爻百九十二,得六千九百一十二策,阴爻百九十二,得四千六百八策,合之得此数。

是故四营而成易,十有八变而成卦。

四营,谓分二、挂一、揲四、归奇也。易,变易也,谓一变也。三变成爻,十八变则成六爻也。

八卦而小成。

谓九变而成三画,得内卦也。

引而伸之,触类而长之,天下之能事毕矣。

长,丁丈反。谓已成六爻,而视其爻之变与不变以为动静,则一卦可变而为六十四卦以定吉凶,凡四千九十六卦也。

显道神德行,是故可与酬酢,可与祐神矣。

行,下孟反。道因辞显,行以数神。酬酢,谓应对。祐神,谓助神化之功。

子曰:"知变化之道者,其知神之所为乎?"

变化之道,即上文数法是也。皆非人之所能为。故夫子叹之,而门人加"子曰"以别上文也。

右第九章

此章言天地、大衍之数,揲蓍求卦之法,然亦略矣,意其详具于太卜、筮人之官,而今不可考耳。其可推者,启蒙备言之。

第十章

易有圣人之道四焉:以言者尚其辞,以动者尚其变,以制器者尚其象,以卜筮者尚其占。

四者皆变化之道,神之所为者也。

是以君子将有为也,将有行也,问焉而以言,其受命也如向,无有远近幽深,遂知来物。非天下之至精,其孰能与于此?

向,许两反,古文响字。与,音预。下同。此尚辞尚占之事,言人以蓍问易,求其卦爻之辞,而以之发言处事,则易受人之命而有以告之,如响之应声,以决其未来之吉凶也。以言,与"以言者尚其辞"之"以言"义同。命,则将筮而告蓍之语。冠礼"筮日宰自右赞命"是也。

参伍以变,错综其数:通其变,遂成天地之文;极其数,遂定天下之象。非天下之至变,其孰能与于此?

参,七南反。错,七各反。综,作弄反。此尚象之事,变则象之未定者也。参者,三数之也;伍者,五数之也。既参以变,又伍以变,一先一后,更相考核,以审其多寡之实也。错者,交而互之,一左一右之谓也;综者,总而挈之,一低一昂之谓也。此亦皆谓揲蓍求卦之事。盖通三揲两手之策,以成阴阳老少之画;究七八九六之数,以定卦爻动静之象也。"参伍"、"错综"皆古语,而"参伍"尤难晓。按荀子云:"窥敌制变,欲伍以参。"韩非曰:"省同异之言,以知朋党之分;偶参伍之验,以责陈言之实。"又曰:"参之以此物,伍之以合参。"史记曰:"必参而伍之。"又曰:"参伍不失。"汉书曰:"参伍其贾,以类相准。"此足以相发明矣。

易,无思也,无为也,寂然不动,感而遂通天下之故。非天下之至神,其孰能与于此?

此四者,易之体所以立,而用所以行者也。易,指蓍卦。无思无为,言其无心也。寂然者,感之体;感通者,寂之用。人心之妙,其动静亦如此。

夫易,圣人之所以极深而研几也。

几,音机。下同。研,犹审也;几,微也。所以"极深"者,至精也;所以"研几"者,至变也。

唯深也,故能通天下之志;唯几也,故能成天下之务;唯神也,故不疾而速,不行而至。

所以通志而成务者,神之所为也。

子曰:"易有圣人之道四焉"者,此之谓也。

　　右第十章

此章承上章之意,言易之用有此四者。

　　　　　　第十一章

子曰:"夫易,何为者也? 夫易,开物成务,冒天下之道,

如斯而已者也。"是故圣人以通天下之志,以定天下之
业,以断天下之疑。

> 夫,音扶。冒,莫报反。断,丁乱反。开物成务,谓使人卜筮以知
> 吉凶而成事业。冒天下之道,谓卦爻既设,而天下之道皆在其中。

是故蓍之德圆而神,卦之德方以知,六爻之义易以贡。
圣人以此洗心,退藏于密,吉凶与民同患。神以知来,知
以藏往,其孰能与于此哉? 古之聪明睿知,神武而不杀
者夫!

> "方以知"之知,音智;下"知以"、"睿知"并同。易,音亦。与,音
> 预。夫,音扶。圆神,谓变化无方;方知,谓事有定理;易以贡,谓
> 变易以告人。圣人体具三者之德,而无一尘之累。无事,则其心
> 寂然,人莫能窥。有事则神知之用,随感而应,所谓无卜筮而知吉
> 凶也。神武不杀,得其理而不假其物之谓。

是以明于天之道,而察于民之故,是兴神物以前民用。
圣人以此斋戒,以神明其德夫!

> 夫,音扶。神物,谓蓍龟。湛然纯一之谓斋,肃然警惕之谓戒。明
> 天道,故知神物之可兴;察民故,故知其用之不可不有以开其先。
> 是以作为卜筮以教人,而于此焉。斋戒以考其占,使其心神明不
> 测,如鬼神之能知来也。

是故阖户谓之坤,辟户谓之乾。一阖一辟谓之变,往来
不穷谓之通。见乃谓之象,形乃谓之器,制而用之谓之
法,利用出入,民咸用之谓之神。

> 见,贤遍反。阖、辟,动静之机也。先言坤者,由静而动也。乾坤
> 变通者,化育之功也。见象形器者,生物之序也。法者,圣人修道

之所为;而神者,百姓自然之日用也。

是故易有大极,是生两仪,两仪生四象,四象生八卦。

> 大,音泰。一每生二,自然之理也。易者,阴阳之变。大极者,其
> 理也。两仪者,始为一画以分阴阳。四象者,次为二画以分太少。
> 八卦者,次为三画而三才之象始备。此数言者,实圣人作易自然
> 之次第,有不假丝毫智力而成者。画卦揲蓍,其序皆然。详见序
> 例、启蒙。

八卦定吉凶,吉凶生大业。

> 有吉有凶,是生大业。

是故法象莫大乎天地;变通莫大乎四时;县象著明莫大
乎日月;崇高莫大乎富贵;备物致用,立成器以为天下
利,莫大乎圣人;探赜索隐,钩深致远,以定天下之吉凶,
成天下之亹亹者,莫大乎蓍龟。

> 县,音玄。探,吐南反。索,色白反。亹,亡伟反。富贵,谓有天
> 下,履帝位。"立"下疑有阙文。亹亹,犹勉勉也。疑则怠,决
> 故勉。

是故天生神物,圣人则之;天地变化,圣人效之;天垂象,
见吉凶,圣人象之;河出图,洛出书,圣人则之。

> 见,贤遍反。此四者,圣人作易之所由也。河图、洛书,详见启蒙。

易有四象,所以示也;系辞焉,所以告也;定之以吉凶,所
以断也。

> 断,丁乱反。四象,谓阴阳老少。示,谓示人以所值之卦爻。

右第十一章

此章专言卜筮。

第十二章

易曰:"自天祐之,吉无不利。"子曰:"祐者助也。天之
所助者,顺也;人之所助者,信也。履信思乎顺,又以尚
贤也,是以'自天祐之,吉无不利'也。"

释大有上九爻义。然在此无所属,或恐是错简,宜在第八章之末。

子曰:"书不尽言,言不尽意。"然则圣人之意,其不可见
乎? 子曰:"圣人立象以尽意,设卦以尽情伪,系辞焉以
尽其言,变而通之以尽利,鼓之舞之以尽神。"

言之所传者浅,象之所示者深。观奇耦二画,包含变化,无有穷
尽,则可见矣。"变通"、"鼓舞",以事而言。两"子曰"字,疑衍其
一。盖"子曰"字皆后人所加,故有此误。如近世通书,乃周子所
自作,亦为后人每章加以"周子曰"字,其设问答处,正如此也。

乾坤其易之缊邪? 乾坤成列,而易立乎其中矣;乾坤毁,
则无以见易;易不可见,则乾坤或几乎息矣。

缊,与蕴同。邪,于遮反。几,音机。缊,所包蓄者,犹衣之著也。
易之所有,阴阳而已。凡阳皆乾,凡阴皆坤,画卦定位,则二者成
列而易之体立矣。乾坤毁,谓卦画不立;乾坤息,谓变化不行。

是故形而上者谓之道,形而下者谓之器,化而裁之谓之
变,推而行之谓之通,举而错之天下之民谓之事业。

卦爻、阴阳皆形而下者,其理则道也。因其自然之化而裁制之,变
化之义也。"变通"二字,上章以天言,此章以人言。

是故夫象，圣人有以见天下之赜，而拟诸其形容，象其物宜，是故谓之象。圣人有以见天下之动，而观其会通，以行其典礼，系辞焉以断其吉凶，是故谓之爻。

重出以起下文。

极天下之赜者存乎卦；鼓天下之动者存乎辞；

卦，即象也。辞，即爻也。

化而裁之存乎变；推而行之存乎通；神而明之存乎其人；默而成之，不言而信，存乎德行。

行，下孟反。卦爻所以变通者在人，人之所以能神而明之者在德。

右第十二章

系辞下传

第一章

八卦成列，象在其中矣；因而重之，爻在其中矣；

重，直龙反。成列，谓乾一、兑二、离三、震四、巽五、坎六、艮七、坤八之类。象，谓卦之形体也。因而重之，谓各因一卦而以八卦次第加之为六十四也。爻，六爻也。既重而后卦有六爻也。

刚柔相推，变在其中矣；系辞焉而命之，动在其中矣。

刚柔相推，而卦爻之变，往来交错，无不可见。圣人因其如此，而皆系之辞以命其吉凶，则占者所值当动之爻象，亦不出乎此矣。

吉凶悔吝者，生乎动者也；

吉凶悔吝，皆辞之所命也。然必因卦爻之动而后见。

刚柔者,立本者也;变通者,趣时者也。

> 趣,七树反。一刚一柔,各有定位,自此而彼,变以从时。

吉凶者,贞胜者也;

> 贞,正也,常也;物以其所正为常者也。天下之事,非吉则凶,非凶则吉,常相胜而不已也。

天地之道,贞观者也;日月之道,贞明者也;天下之动,贞夫一者也。

> 观,官换反。夫,音扶。观,示也。天下之动,其变无穷,然顺理则吉,逆理则凶,则其所正而常者,亦一理而已矣。

夫乾,确然示人易矣;夫坤,隤然示人简矣。

> 确,苦角反。易,音异。隤,音颓。确然,健貌;隤然,顺貌,所谓"贞观者也"。

爻也者,效此者也;象也者,像此者也。

> 此谓上文乾坤所示之理,爻之奇耦,卦之消息,所以效而象之。

爻象动乎内,吉凶见乎外;功业见乎变,圣人之情见乎辞。

> 内,谓蓍卦之中;外,谓蓍卦之外。变,即动乎内之变;辞,即见乎外之辞。

天地之大德曰生,圣人之大宝曰位。何以守位?曰人。何以聚人?曰财。理财正辞、禁民为非曰义。

> "曰人"之人,今本作"仁"。吕氏从古,盖所谓"非众罔与守邦"。

　　右第一章

> 此章言卦爻吉凶造化功业。

第二章

古者**包牺**氏之王天下也，仰则观象于天，俯则观法于地，观鸟兽之文，与地之宜，近取诸身，远取诸物，于是始作八卦，以通神明之德，以类万物之情。

> 包，蒲交反。王，于况反。王昭素曰："与地"之间，诸本多有"天"字。俯仰远近，所取不一，然不过以验阴阳消息两端而已。神明之德，如健顺动止之性；万物之情，如雷风山泽之象。

作结绳而为**罔罟**，以佃以渔，盖取诸**离**。

> 罔，与网同，罟，音古。佃，音田。两目相承，而物丽焉。

包牺氏没，**神农**氏作，**斲**木为耜，揉木为耒，耒耨之利，以教天下，盖取诸**益**。

> 斲，涉角反。耜，音似。耒，力对反。耨，奴豆反。二体皆木，上入下动，天下之益，莫大于此。

日中为市，致天下之民，聚天下之货，交易而退，各得其所，盖取诸**噬嗑**。

> 日中为市，上明而下动，又借噬为市，嗑为合也。

神农氏没，**黄帝**、**尧**、**舜**氏作，通其变，使民不倦，神而化之，使民宜之。易穷则变，变则通，通则久。是以"自天祐之，吉无不利"。**黄帝**、**尧**、**舜**垂衣裳而天下治，盖取诸**乾**、**坤**。

> **乾**、**坤**变化而无为。

刳木为舟，剡木为楫，舟楫之利，以济不通，致远以利天下，盖取诸涣。

　　刳，口姑反。剡，以冉反。木在水上也。"致远以利天下"疑衍。

服牛乘马，引重致远，以利天下，盖取诸随。

　　下动上说。

重门击柝，以待暴客，盖取诸豫。

　　重，直龙反。柝，他各反。豫备之意。

断木为杵，掘地为臼，臼杵之利，万民以济，盖取诸小过。

　　断，丁缓反。杵，昌吕反。掘，其月反。下止上动。

弦木为弧，剡木为矢，弧矢之利，以威天下，盖取诸睽。

　　睽乖然后威以服之。

上古穴居而野处，后世圣人易之以宫室，上栋下宇，以待风雨，盖取诸大壮。

　　处，上声。壮固之意。

古之葬者，厚衣之以薪，葬之中野，不封不树，丧期无数，后世圣人易之以棺椁，盖取诸大过。

　　衣，去声。送死大事而过于厚。

上古结绳而治，后世圣人易之以书契，百官以治，万民以察，盖取诸夬。

　　明决之意。

　　右第二章

　　此章言圣人制器尚象之事。

第三章

是故易者,象也;象也者,像也。

易卦之形,理之似也。

彖者,材也;

彖言一卦之材。

爻也者,效天下之动者也。

效,放也。

是故吉凶生而悔吝著也。

悔吝本微,因此而著。

右第三章

第四章

阳卦多阴,阴卦多阳。

震、坎、艮为阳卦,皆一阳二阴;巽、离、兑为阴卦,皆一阴二阳。

其故何也? 阳卦奇,阴卦耦。

奇,纪宜反。凡阳卦皆五画,凡阴卦皆四画。

其德行何也? 阳一君而二民,君子之道也;阴二君而一民,小人之道也。

行,下孟反。君,谓阳;民,谓阴。

右第四章

第五章

易曰:"憧憧往来,朋从尔思。"子曰:"天下何思何虑?
天下同归而殊涂,一致而百虑。天下何思何虑?

　　此引咸九四爻辞而释之。言理本无二,而殊涂百虑,莫非自然,何
　　以思虑为哉? 必思而从,则所从者亦狭矣。

"日往则月来,月往则日来,日月相推而明生焉;寒往则
暑来,暑往则寒来,寒暑相推而岁成焉。往者,屈也;来
者,信也。屈信相感,而利生焉。

　　信,音申。言往来屈信,皆感应自然之常理,加"憧憧"焉,则入于
　　私矣,所以必思而后有从也。

"尺蠖之屈,以求信也;龙蛇之蛰,以存身也。精义入
神,以致用也;利用安身,以崇德也。

　　蠖,纡缚反。蛰,真立反。因言屈信往来之理,而又推以言学,亦
　　有自然之机也。精研其义,至于入神,屈之至也。然乃所以为出
　　而致用之本,利其施用,无适不安,信之极也。然乃所以为入而崇
　　德之资,内外交相养,互相发也。

"过此以往,未之或知也;穷神知化,德之盛也。"

　　下学之事,尽力于"精义"、"利用",而交养互发之机自不能已。自
　　是以上,则亦无所用其力矣。至于"穷神知化",乃德盛仁熟而自
　　致耳。然不知者,往而屈也。自致者,来而信也;是亦感应自然之
　　理而已。张子曰:"气有阴阳,推行有渐为化,合一不测为神。"此
　　上四节,皆以释咸九四爻义。

易曰："困于石，据于蒺藜，入于其宫，不见其妻，凶。"子曰："非所困而困焉，名必辱；非所据而据焉，身必危。既辱且危，死期将至，妻其可得见邪？"

释困六三爻义。

易曰："公用射隼于高墉之上，获之，无不利。"子曰："隼者，禽也；弓矢者，器也；射之者，人也。君子藏器于身，待时而动，何不利之有？动而不括，是以出而有获，语成器而动者也。"

射，石亦反。隼，恤允反。括，古活反。括，结碍也。此释解上六爻义。

子曰："小人不耻不仁，不畏不义，不见利不劝，不威不惩。小惩而大诫，此小人之福也。易曰：'屦校灭趾，无咎。'此之谓也。

校，音教。此释噬嗑初九爻义。

"善不积，不足以成名；恶不积，不足以灭身。小人以小善为无益而弗为也，以小恶为无伤而弗去也，故恶积而不可掩，罪大而不可解。易曰：'何校灭耳，凶。'"

何，河可反。去，羌吕反。此释噬嗑上九爻义。

子曰："危者，安其位者也；亡者，保其存者也；乱者，有其治者也。是故君子安而不忘危，存而不忘亡，治而不忘乱。是以身安而国家可保也。易曰：'其亡其亡，系于苞桑。'"

此释否九五爻义。

子曰:"德薄而位尊,知小而谋大,力小而任重,鲜不及矣! 易曰:'鼎折足,覆公𫗧,其形渥,凶。'言不胜其任也。"

知,音智。鲜,仙善反。折,之设反。𫗧,音速。渥,乌角反。胜,音升。此释鼎九四爻义。

子曰:"知几其神乎? 君子上交不谄,下交不渎,其知几乎! 几者,动之微,吉之先见者也。君子见几而作,不俟终日。易曰:'介于石,不终日,贞吉。'介如石焉,宁用终日? 断可识矣! 君子知微知彰,知柔知刚,万夫之望。"

几,音机。"先见"之见,音现。断,丁玩反。望,无方反。此释豫六二爻义。汉书"吉之"之间有"凶"字。

子曰:"颜氏之子,其殆庶几乎? 有不善,未尝不知;知之,未尝复行也。易曰:'不远复,无祗悔,元吉。'"

几,音机。"复行"之复,芳服反。祗,音其。殆,危也。庶几,近意,言近道也。此释复初九爻义。

"天地绸缊,万物化醇。男女构精,万物化生。易曰:'三人行,则损一人;一人行,则得其友。'言致一也。"

绸,音因。缊,纡云反。绸缊,交密之状。醇,谓厚而凝也,言气化者也。化生,形化者也。此释损六三爻义。

子曰:"君子安其身而后动,易其心而后语,定其交而后求:君子修此三者,故全也。危以动,则民不与也;惧以语,则民不应也;无交而求,则民不与也;莫之与,则伤之者至矣。易曰："莫益之，或击之，立心勿恒，凶。'"

"易其"之易，去声。此释益上九爻义。

右第五章

第六章

子曰："乾坤其易之门邪？乾，阳物也；坤，阴物也。阴
阳合德而刚柔有体，以体天地之撰，以通神明之德。

邪，于遮反。撰，仕免反。诸卦刚柔之体，皆以乾坤合德而成。故
曰：乾坤易之门。撰，犹事也。

"其称名也，杂而不越，于稽其类，其衰世之意邪？

万物虽多，无不出于阴阳之变。故卦爻之义，虽杂出而不差缪，然
非上古淳质之时思虑所及也。故以为衰世之意，盖指文王与纣之
时也。

"夫易，彰往而察来，而微显阐幽。开而当名辨物，正言
断辞则备矣。

夫，音扶。当，去声。断，丁玩反。"而微显"恐当作"微显而"。
"开而"之而亦疑有误。

"其称名也小，其取类也大；其旨远，其辞文，其言曲而
中，其事肆而隐。因贰以济民行，以明失得之报。"

中，丁仲反。行，下孟反。肆，陈也。贰，疑也。

右第六章

此章多阙文疑字，不可尽通。后皆放此。

第七章

易之兴也，其于中古乎？作易者其有忧患乎？

夏商之末，易道中微，<u>文王</u>拘于<u>羑里</u>而系彖辞，易道复兴。

是故履，德之基也；谦，德之柄也；复，德之本也；恒，德之固也；损，德之修也；益，德之裕也；困，德之辨也；井，德之地也；巽，德之制也。

履，礼也，上天下泽，定分不易，必谨乎此，然后其德有以为基而立也。谦者，自卑而尊人，又为礼者之所当执持而不可失者也。九卦皆反身修德以处忧患之事也，而有序焉。基，所以立；柄，所以持；复者，心不外而善端存；恒者，守不变而常且久；惩忿窒欲以修身；迁善改过以长善；困以自验其力；井以不变其所；然后能巽顺于理，以制事变也。

履，和而至；谦，尊而光；复，小而辨于物；恒，杂而不厌；损，先难而后易；益，长裕而不设；困，穷而通；井，居其所而迁；巽，称而隐。

易，以豉反。长，丁丈反。称，尺证反。此如书之九德，礼非强世，然事皆至极。谦，以自卑而尊且光；复，阳微而不乱于群阴；恒，处杂而常德不厌；损，欲先难，习熟则易；益，但充长而不造作；困，身困而道亨；井，不动而及物；巽，称物之宜而潜隐不露。

履以和行，谦以制礼，复以自知，恒以一德，损以远害；益以兴利，困以寡怨，井以辨义，巽以行权。

"和行"之行，下孟反。远，袁万反。寡怨，谓少所怨尤。辨义，谓安而能虑。

右第七章

此章三陈九卦，以明处忧患之道。

第八章

易之为书也不可远，为道也屡迁。变动不居，周流六虚，上下无常，刚柔相易，不可为典要，唯变所适。

远，袁万反。上，上声。下，去声。逮，犹忘也。周流六虚，谓阴阳流行于卦之六位。

其出入以度，外内使知惧。

此句未详，疑有脱误。

又明于忧患与故，无有师保，如临父母。

虽无师保，而常若父母临之，戒惧之至。

初率其辞，而揆其方，既有典常。苟非其人，道不虚行。

揆，葵癸反。方，道也。始由辞以度其理，则见其有典常矣。然神而明之，则存乎其人也。

右第八章

第九章

易之为书也，原始要终以为质也。六爻相杂，唯其时物也。

要，一遥反。下同。质，谓卦体。卦必举其始终而后成体，爻则唯其时物而已。

其初难知，其上易知，本末也。初辞拟之，卒成之终。

易，去声。此言初上二爻。

若夫杂物撰德，辨是与非，则非其中爻不备。

夫，音扶。此谓卦中四爻。

噫！亦要存亡吉凶，则居可知矣。知者观其彖辞，则思过半矣。

"知者"之知，音智。彖，统论一卦六爻之体。

二与四同功而异位，其善不同：二多誉，四多惧，近也。

柔之为道，不利远者；其要无咎，其用柔中地。

要，如字；又一遥反。下章同。此以下论中爻。同功，谓皆阴位。异位，谓远近不同。四近君，故多惧。柔不利远而二多誉者，以其柔中也。

三与五同功而异位：三多凶，五多功，贵贱之等也。其柔危，其刚胜邪？

胜，音升。三、五同阳位，而贵贱不同，然以柔居之则危，唯刚则能胜之。

　　右第九章

第十章

易之为书也，广大悉备：有天道焉，有人道焉，有地道焉。

兼三才而两之，故六。六者，非它也，三才之道也。

> 三画已具三才，重之故六。以上二爻为天，中二爻为人，下二爻为地。

道有变动，故曰爻；爻有等，故曰物；物相杂，故曰文；文不当，故吉凶生焉。

> 当，去声。道有变动，谓卦之一体。等，谓远近贵贱之差。相杂，谓刚柔之位相间。不当，谓爻不当位。

右第十章

第十一章

易之兴也，其当殷之末世，周之盛德邪？当文王与纣之事邪？是故其辞危。危者使平，易者使倾；其道甚大，百物不废。惧以终始，其要无咎，此之谓易之道也。

> 邪，于遮反。"易者"之易，去声。要，平声。危惧故得平安，慢易则必倾覆，易之道也。

右第十一章

第十二章

夫乾，天下之至健也，德行恒易以知险；夫坤，天下之至顺也，德行恒简以知阻。

> 夫，音扶。行、易，并去声。阻，庄吕反。至健则所行无难，故易；

至顺则所行不烦,故简。然其于事皆有以知其难,而不敢易以处之也。是以其有忧患,则健者如自高临下而知其险,顺者如自下趋上而知其阻。盖虽易而能知险,则不陷于险矣;既简而又知阻,则不困于阻矣。所以能危能惧而无易者之倾也。

能说诸心,能研诸侯之虑,定天下之吉凶,成天下之亹亹者。

说,音悦。"侯之"二字衍。"说诸心"者,心与理会,乾之事也;"研诸虑"者,理因虑审,坤之事也。说诸心,故有以定吉凶;研诸虑,故有以成亹亹。

是故变化云为,吉事有祥;象事知器,占事知来。

变化云为,故"象事"可以"知器";吉事有祥,故"占事"可以"知来"。

天地设位,圣人成能,人谋鬼谋,百姓与能。

与,音预。天地设位,而圣人作易以成其功,于是"人谋鬼谋",虽百姓之愚,皆得以与其能。

八卦以象告,爻彖以情言。刚柔杂居,而吉凶可见矣。

象,谓卦画;爻彖,谓卦爻辞。

变动以利言,吉凶以情迁。是故爱恶相攻而吉凶生,远近相取而悔吝生,情伪相感而利害生。凡易之情,近而不相得则凶;或害之,悔且吝。

恶,乌路反。不相得,谓相恶也。凶害悔吝,皆由此生。

将叛者其辞惭,中心疑者其辞枝,吉人之辞寡,躁人之辞多,诬善之人其辞游,失其守者其辞屈。

卦爻之辞,亦犹是也。

右第十二章

周易卷之四

说卦传

第一章

昔者圣人之作易也，幽赞于神明而生蓍。

> 幽赞神明，犹言赞化育。龟策传曰："天下和平，王道得，而蓍茎长
> 丈，其丛生满百茎。"

参天两地而倚数，

> 参，七南反。天圆地方，圆者一而围三，三各一奇，故参天而为三。
> 方者一而围四，四合二耦，故两地而为二。数皆倚此而起，故揲蓍
> 三变之末，其余三奇，则三三而九。三耦则三二而六，两二一三则
> 为七，两三一二则为八。

**观变于阴阳而立卦，发挥于刚柔而生爻，和顺于道德而
理于义，穷理尽性以至于命。**

> 和顺，从容无所乖逆，统言之也。理，谓随事得其条理，析言之也。
> 穷天下之理，尽人物之性，而合于天道，此圣人作易之极功也。

右第一章

第二章

昔者圣人之作易也,将以顺性命之理。是以立天之道曰阴与阳,立地之道曰柔与刚,立人之道曰仁与义。兼三才而两之,故易六画而成卦。分阴分阳,迭用柔刚,故易六位而成章。

兼三才而两之,总言六画。又细分之,则阴阳之位,间杂而成文章也。

右第二章

第三章

天地定位,山泽通气,雷风相薄,水火不相射,八卦相错。

薄,音博。邵子曰:此伏羲八卦之位,乾南、坤北、离东、坎西、兑居东南、震居东北、巽居西南、艮居西北。于是八卦相交而成六十四卦,所谓"先天之学"也。

数往者顺,知来者逆,是故易,逆数也。

数,并上声。起震而历离、兑以至于乾,数已生之卦也;自巽而历坎、艮以至于坤,推未生之卦也。易之生卦,则以乾、兑、离、震、巽、坎、艮、坤为次,故皆逆数也。

右第三章

第四章

雷以动之,风以散之,雨以润之,日以烜之,艮以止之,兑以说之,乾以君之,坤以藏之。

烜,与晅同。说,音悦。此卦位相对,与上章同。

右第四章

第五章

帝出乎震,齐乎巽,相见乎离,致役乎坤,说言乎兑,战乎乾,劳乎坎,成言乎艮。

说,音悦。下同。帝者,天之主宰。邵子曰:此卦位乃文王所定,所谓"后天之学"也。

万物出乎震,震,东方也。齐乎巽,巽,东南也。齐也者,言万物之洁齐也。离也者,明也,万物皆相见,南方之卦也;圣人南面而听天下,向明而治,盖取诸此也。坤也者,地也,万物皆致养焉,故曰致役乎坤。兑,正秋也,万物之所说也,故曰说言乎兑。战乎乾,乾,西北之卦也,言阴阳相薄也。坎者,水也,正北方之卦也,劳卦也,万物之所归也,故曰劳乎坎。艮,东北之卦也,万物之所成终,而所成始也,故曰成言乎艮。

向,读作向。说,音悦。下同。薄,音博。上言帝,此言万物之随帝以出入也。

右第五章

此章所推卦位之说,多未详者。

第六章

神也者,妙万物而为言者也。动万物者莫疾乎雷,挠万物者莫疾乎风,燥万物者莫熯乎火,说万物者莫说乎泽,润万物者莫润乎水,终万物、始万物者莫盛乎艮。故水火相逮,雷风不相悖,山泽通气,然后能变化,既成万物也。

挠,乃饱反。熯,呼但反。悖,必内反。此去乾坤而专言六子,以见神之所为,然其位序亦用上章之说,未详其义。

右第六章

第七章

乾,健也;坤,顺也;震,动也;巽,入也;坎,陷也;离,丽也;艮,止也;兑,说也。

说,音悦。此言八卦之性情。

右第七章

第八章

乾为马,坤为牛,震为龙,巽为鸡,坎为豕,离为雉,艮为狗,兑为羊。

"远取诸物"如此。

右第八章

第九章

乾为首,坤为腹,震为足,巽为股,坎为耳,离为目,艮为
手,兑为口。

"近取诸身"如此。

右第九章

第十章

乾,天也,故称乎父;坤,地也,故称乎母;震一索而得男,
故谓之长男;巽一索而得女,故谓之长女;坎再索而得
男,故谓之中男;离再索而得女,故谓之中女;艮三索而
得男,故谓之少男;兑三索而得女,故谓之少女。

索,色白反。长,之丈反。少,诗照反。下章同。索,求也;谓揲蓍
以求爻也。男女,指卦中一阴一阳之爻而言。

右第十章

第十一章

乾为天,为圜,为君,为父,为玉,为金,为寒,为冰,为大

赤，为良马，为老马，为瘠马，为驳马，为木果。

　　圜，音圆。驳，邦角反。<u>荀九家</u>此下有"为龙，为直，为衣，为言"。

坤为地，为母，为布，为釜，为吝啬，为均，为子母牛，为大舆，为文，为众，为柄。其于地也，为黑。

　　釜，房甫反。啬，音色。<u>荀九家</u>有"为牝，为迷，为方，为囊，为裳，为黄，为帛，为浆"。

震为雷，为龙，为玄黄，为旉，为大涂，为长子，为决躁，为苍莨竹，为萑苇。其于马也，为善鸣，为馵足，为作足，为的颡。其于稼也，为反生，其究为健，为蕃鲜。

　　旉，音孚。莨，音郎。萑，音丸。馵，主树反。蕃，音烦。<u>荀九家</u>有"为玉，为鹄，为鼓"。

巽为木，为风，为长女，为绳直，为工，为白，为长，为高，为进退，为不果，为臭。其于人也，为寡发，为广颡，为多白眼，为近利市三倍，其究为躁卦。

　　下"为长"之长，如字。<u>荀九家</u>有"为杨，为鹳"。

坎为水，为沟渎，为隐伏，为矫輮，为弓轮。其于人也，为加忧，为心病，为耳痛，为血卦，为赤。其于马也，为美脊，为亟心，为下首，为薄蹄，为曳。其于舆也，为多眚，为通，为月，为盗。其于木也，为坚多心。

　　輮，如九反。亟，纪力反。曳，以制反。<u>荀九家</u>有"为宫，为律，为可，为栋，为丛棘，为狐，为蒺藜，为桎梏"。

离为火，为日，为电，为中女，为甲胄，为戈兵。其于人也，为大腹。为乾卦，为鳖，为蟹，为蠃，为蚌，为龟。其于木也,为科上槁。

> 乾,音干。蟹,户买反。蠃,力禾反。蚌,步项反。荀、九家有"为
> 牝牛"。

艮为山,为径路,为小石,为门阙,为果蓏,为阍寺,为指,为狗,为鼠,为黔喙之属。其于木也,为坚多节。

> 蓏,力果反。黔,其坚反。喙,况废反;又音呪。荀九家有"为鼻,
> 为虎,为狐"。

兑为泽,为少女,为巫,为口舌,为毁折,为附决。其于地也,为刚卤,为妾,为羊。

> 折,之列反。卤,力杜反。荀九家有"为常,为辅颊"。

右第十一章

此章广八卦之象,其间多不可晓者。求之于经,亦不尽合也。

序卦传

上篇

有天地,然后万物生焉。盈天地之间者唯万物,故受之以屯;屯者,盈也;屯者,物之始生也。物生必蒙,故受之以蒙;蒙者,蒙也,物之稚也。物稚不可不养也,故受之以需;需者,饮食之道也。饮食必有讼,故受之以讼。讼必有众起,故受之以师;师者,众也。众必有所比,故受之以比;比者,比也。比必有所畜,故受之以小畜。物畜然后有礼,故受之以履。履而泰,然后安,故受之以泰;

晁氏曰：郑本无"而泰"二字。

泰者，通也。物不可以终通，故受之以否。物不可以终否，故受之以同人。与人同者，物必归焉，故受之以大有。有大者不可以盈，故受之以谦。有大而能谦必豫，故受之以豫。豫必有随，故受之以随。以喜随人者必有事，故受之以蛊；蛊者，事也。有事而后可大，故受之以临；临者，大也。物大然后可观，故受之以观。可观而后有所合，故受之以噬嗑；嗑者，合也。物不可以苟合而已，故受之以贲；贲者，饰也。致饰然后亨则尽矣，故受之以剥；剥者，剥也。物不可以终尽剥，穷上反下，故受之以复。复则不妄矣，故受之以无妄。有无妄，然后可畜，故受之以大畜。物畜然后可养，故受之以颐；颐者，养也。不养则不可动，故受之以大过。物不可以终过，故受之以坎；坎者，陷也。陷必有所丽，故受之以离；离者，丽也。

右上篇

下篇

有天地，然后有万物；有万物，然后有男女；有男女，然后有夫妇；有夫妇，然后有父子；有父子，然后有君臣；有君臣，然后有上下；有上下，然后礼义有所错。夫妇之道不可以不久也,故受之以恒;恒者,久也。物不可以久居其所,故受之以遁;遁者,退也。物不可以终遁,故受之以大壮。物不可以终壮,故受之以晋;晋者,进也。进必有所伤,故受之以明夷;夷者,伤也。伤于外者必反其家,故受之以家人。家道穷必乖,故受之以睽;睽者,乖也。乖必有难,故受之以蹇;蹇者,难也。物不可以终难,故受之以解;解者,缓也。缓必有所失,故受之以损。损而不已必益,故受之以益。益而不已必决,故受之以夬;夬者,决也。决必有所遇,故受之以姤;姤者,遇也。物相遇而后聚,故受之以萃;萃者,聚也。聚而上者谓之升,故受之以升。升而不已必困,故受之以困。困乎上者必反下,故受之以井。井道不可不革,故受之以革。革物者莫若鼎,故受之以鼎。主器者莫若长子,故受之以震;震者,动也。物不可以终动,止之,故受之以艮;艮者,止也。物不可以终止,故受之以渐;渐者,进也。进必有所归,故受之以归妹。得其所归者必大,故受之以丰;丰者,大也。穷大者必失其居,故受之以旅。旅而无所容,故受之以巽;巽者,入也。入而后说之,故受之以兑;兑者,说也。说而后散之,故受之以涣;涣者,离也。物不可以终离,故受之以节。节而信之,故受之以中孚。有其信者必行之,故受之以小过。有过物者必济,故受之以既济。物不可穷也,故受之以未济终焉。

右下篇

杂卦传

乾刚坤柔,比乐师忧;

　　乐,音洛。

临、观之义,或与或求。

　　以我临物曰"与",物来观我曰"求"。或曰:二卦互有与求之义。

屯见而不失其居,蒙杂而著。

　　见,贤遍反。著,陟虑反。屯,震遇坎,震动故见坎险不行也;蒙,
　　坎遇艮,坎幽昧,艮光明也。或曰:屯以初言,蒙以二言。

**震,起也;艮,止也。损、益,盛衰之始也。大畜,时也;无
妄,灾也。**

　　止健者时有适然。无妄而灾自外至。

**萃聚,而升不来也;谦轻,而豫怠也。噬嗑,食也;贲,无
色也。**

　　白受采。

兑见,而巽伏也。

　　见,贤遍反。兑,阴外见;巽,阴内伏。

随,无故也;蛊,则饬也。

　　饬,与敕同。随前无故,蛊后当饬。

剥,烂也;复,反也。晋,昼也;明夷,诛也。

　　诛,伤也。

井通,而困相遇也。

刚柔相遇,而刚见掩也。

咸,速也;恒,久也。

咸,速;恒,久。

涣,离也;节,止也。解,缓也;蹇,难也。睽,外也;家人,内也。否、泰,反其类也。

难,乃旦反。

大壮则止,遁则退也。

止,谓不进。

大有,众也;同人,亲也。革,去故也;鼎,取新也。小过,过也;中孚,信也。丰,多故也;亲寡,旅也。

去,起吕反。既明且动,其故多矣。

离上而坎下也。

上,时掌反。下,遐嫁反。火炎上,水润下。

小畜,寡也;履,不处也。

处,上声。不处,行进之义。

需,不进也;讼,不亲也。大过,颠也;姤,遇也,柔遇刚也。渐,女归待男行也。颐,养正也。既济,定也。归妹,女之终也。未济,男之穷也。夬,决也,刚决柔也;君子道长,小人道忧也。

长,丁丈反。自大过以下,卦不反对,或疑其错简,今以韵协之,又似非误,未详何义。

附　录

朱子语类卷第六十七

看易，先看某本义了，却看伊川解，以相参考。如未看他易，先看某说，却易看也，盖未为他说所汩故也。焘。

方叔问："本义何专以卜筮为主？"曰："且须熟读正文，莫看注解。盖古易，彖、象、文言各在一处，至王弼始合为一。后世诸儒遂不敢与移动。今难卒说，且须熟读正文，久当自悟。"大雅。

"某之易简略者，当时只是略搭记。兼文义，伊川及诸儒皆已说了，某只就语脉中略牵过这意思。"砺。

"圣人作易，有说得极疏处，甚散漫。如爻象，盖是泛观天地万物，取得来阔，往往只髣髴有这意思，故曰'不可为典要'。又有说得极密处，无缝罅，盛水不漏，如说'吉凶悔吝'处是也。学者须是大著心胸方看得。譬如天地生物，有生得极细巧者，又自有突兀麤拙者。近赵子钦有书来，云某说语、孟极详，易说却太略。譬之此烛笼，添得一条骨子，则障了一路明。若能尽去其障，使之体统光明，岂不更好！盖著不得详说故也。"方子。(渊录云:"易中取象,似天地生物,有生得极细巧底,有生得麤拙突兀底。赵子钦云:'本义太略。'此譬如烛笼,添了一条竹片,便障了一路明。尽彻去了,使它统体光明,岂不更好! 盖是著不得详说。如此看来,则取象处如何拘得!")

"启蒙,初间只因看欧阳公集内或问易'大衍',遂将来考算得出。以此知诸公文集虽各自成一家文字,中间自有好处。缘是这道理人人同得。看如何,也自有人见得到底。"贺孙。

先生于诗传自以为无复遗恨,曰:"后世若有扬子云,必好之矣。"而意不甚满于易本义。盖先生之意,只欲作卜筮用。而为先儒说道理太多,终是翻这窠臼未尽,故不能不致遗恨云。僩。

先生问时举看易如何。曰:"只看程易,见其只就人事上说,无非日用常行底道理。"曰:"易最难看,须要识圣人当初作易之意。且如泰之初九:'拔茅茹,以其汇,征吉。'谓其引贤类进也。都不正说引贤类进,而云'拔茅',何耶? 如此之类,要须思看。某之启蒙自说得分晓,且试去看。"因云:"某少时看文字时,凡见有说得合道理底,须旁搜远取,必要看得他透。今之学者多不如是,如何?"时举退看启蒙。晚往侍坐,时举曰:"向者看程易,只就注解上生议论,却不曾靠得易看,所以不见得圣人作易之本意。今日看启蒙,方见得圣人一部易,皆是假借虚设之辞。盖缘天下之理,若正说出,便只作一件用。唯以象言,则当卜筮之时,看是甚事,都来应得。如泰之初九,若正作引贤类进说,则后便只作得引贤类进用。唯以'拔茅茹'之象言之,则其他事类此者皆可应也。启蒙警学篇云:'理定既实,事来尚虚。用应始有,体该本无。'便见得易只是虚设之辞,看事如何应耳。"先生颔之。因云:"程易中有甚疑处,可更商量看。"时举问:"坤六二爻,传云'由直方而大',窃意大是坤之本体,安得由直方而后大耶?"曰:"直、方、大,是坤有此三德。若就人事上说,则是'敬义立而德不孤',岂非由直、方而后大耶?"时举。

　　敬之问启蒙"理定既实,事来尚虚,用应始有,体该本无。稽实待虚,存体应用。执古御今,以静制动"。曰:"圣人作易,只是说一个理,都未曾有许多事,却待他甚么事来揍。所谓'事来尚虚',盖谓事之方来,尚虚而未有;若论其理,则先自定,固已实矣。'用应始有',谓理之用实,故有。'体该本无',谓理之体该万事万物,又初无形迹之可见,故无。下面云:稽考实理,以待事物之来;存此理之体,以应无穷之用。'执古',古便是易书里面文字言语。'御今',今便是今日之事。'以静制动',理便是静底,事便是动底。且如'即鹿无虞,惟入于林中。君子几,不如舍,往吝'。其理谓将即鹿而无虞,入必陷于林中;若不舍而往,是取吝之道。这个道理,若后人做事,如求官爵者求之不已,便是取吝之道;求财利者求之不已,亦是取吝之道。又如'潜龙勿用',其理谓当此时只当潜晦,不当用。若占得此爻,凡事便未可做,所谓'君子动则观其变而玩其占'。若是无事之时,'观其象而玩其辞',亦当知其理如此。某每见前辈说易,止把一事说。某之说易所以异于前辈者,正谓其理人人皆用之,不问君臣上下,大事小事,皆可用。前辈止缘不把做占说了,故此易竟无用处。圣人作易,盖谓当时之民，遇事都闭塞不知所为。故圣人示以此理，教他恁地做，便会吉；如此做，便会凶。必恁地，则吉而可为；如此，则凶而不可为。大传所谓'通天下之志'是也。通，是开通之意，是以易中止说道善则吉，却未尝有一句说不善亦会吉。仁义忠信之事，占得其象则吉；却不曾说不仁不义不忠不信底事，占得亦会吉。如南蒯得'黄裳'之卦，自以为大吉，而不知黄中居下之义，方始会元吉；反之则凶。大传说'上下无常，刚柔相易，不可为典要，惟变所适'，便见得易人人可用，不是死法。虽道是二、五是中，却其间有位二、五而不吉者；有当位而吉，亦有当位而不吉者。若扬雄太玄，皆排定了第几爻便吉，第几爻便凶。然其规模甚散，其辞又涩，学者骤去理会他文义，已自难晓。又且不曾尽经历许多事意，都去揍他意不著。所以孔子晚年方学易，到得平常教人，亦言'兴于诗，立于礼，成于乐'，却未曾说到易。"又云："易之卦爻，所以该尽天下之理。一爻不止于一事，而天下之理莫不具备，不要拘执著。今学者涉世未广，见理未尽，揍他底不著，所以未得他受用。"贺孙。

宋吴革刊十二卷本序

象、占，易本义也。伏牺画卦，文王系象，周公系爻，皆以象与占决，吉凶悔吝，各指其所之。孔子十翼，专以义理发挥经言，岂有异旨哉？体用一源，显微无间，互相发而不相悖也。程子以义理为之传，朱子以象、占本其义，革每合而读之，心融体验，将终身玩索，庶几寡过。昨刊程传于章贡郡斋，今敬刊本义于朱子故里,与同志共之。抑朱子有言"顺理则吉,逆理则凶","悔自凶而趋吉,吝自吉而向凶",必然之应也。夫子曰:"不占而已矣。"

咸淳乙丑立秋日,后学九江吴革谨书

宋王应麟玉海卷三十六

淳熙易学启蒙、本义

朱文公熹。淳熙四年,易本义成,十二卷。又为诸图冠首,为五赞及筮仪附于末。音义二卷。十三年三月,易学启蒙成,四篇,以本图书、原卦画、明著策、考变占为次。

宋陈振孙直斋书录解题卷一易类

易传十一卷、本义十二卷、易学启蒙一卷

焕章阁待制、侍讲新安朱熹晦庵撰。初为易传,用王弼本。复以吕氏古易经为本义,其大旨略同,而加详焉。首列九图,末著揲法。大略兼义理、占象而言。启蒙之目曰本图书、原卦画、明蓍筮、考变占,凡四篇。

元马端临文献通考卷一七六

晦庵易传易本义易学启蒙传十一卷、本义十二卷、启蒙一卷

朱子语录曰:易只是卜筮之书,今人说得来太精了,更入粗不得。如某之说虽粗,然却入得精,精义皆在其中。若晓得

某一人说,则晓得伏羲、文王之易本是如此,元来有许多道理在,方不失易之本意。今未晓得圣人作易之本意,便要说道理,纵饶说得好,只是与易元不相干。圣人分明说"昔者圣人之易,观象、设卦、系辞焉以明吉凶",几多分晓,某所以说易只是卜筮书者,此类可见。问:读本义所释卦辞,若看得分明,则彖辞之义亦自明,只须略提破此是卦义,此是卦象、卦体、卦变,不必更下注脚矣。曰:某当初作此文字时,正欲如此。盖彖辞本是释经之卦辞,若看卦辞分明,则彖亦可见。但后来要重整顿过,未及,不知解者能如此本意否?又曰:某作本义,欲将文王卦辞只大纲依文王卦辞略说,至其所以然之故,却于孔子彖辞中发之。且如"大畜,利贞,不家食吉,利涉大川",只是占得大畜卦者为利正,不家食而吉,利于涉大川。至于"刚上而尚贤"等处,乃孔子发明,各有所主,爻、象亦然。如此则不失文王本意,又可见孔子之意,但而今未暇整顿耳。某之易简略者,当时只是略搭记,兼文义,伊川及诸儒皆已说了,某只就语脉中略牵过这意思。近得赵子钦书云:"语、孟说极详,易说太略。"此譬如烛笼,添一条骨,则障了一路明,若能去其障,使之统体光明,乃更好。盖著不得详说也。上经犹可晓,易解,下经多有不可解难晓处。不知是某看到末梢,懒了解不得,为复是难解?又曰:系辞也如此,只是上系好看,下系没理会。

　　陈氏曰:晦庵初为易传,用王弼本。复以吕氏古易经为本义,其大指略同,而加详焉。首列九图,末著揲法,大略兼义理、占象而言。启蒙之目曰本图书、原卦画、明蓍筮、考变占,凡四篇。

宋史卷二○二艺文志一

朱熹易传十二卷,又本义十二卷,易学启蒙三卷,古易音训二卷

清顾炎武日知录卷一朱子周易本义

周易自伏羲画卦,文王作彖辞,周公作爻辞,谓之经。经分上下二篇。孔子作十翼,谓之传。传分十篇:彖传上、下二篇,系辞传上、下二篇,文言、说卦传、序卦传、杂卦传各一篇。

自汉以来,为费直、郑玄、王弼所乱,取孔子之言逐条附于卦爻之下。程正叔传因之。及朱元晦本义始依古文。故于周易上经条下云:"中间颇为诸儒所乱,近世晁氏始正其失,而未能尽合古文。吕氏又更定著为经二卷,传十卷,乃复孔氏之旧云。"洪武初,颁五经天下儒学,而易兼用程、朱二氏,亦各自为书。永乐中修大全,乃取朱子卷次,割裂附之程传之后,而朱子所定之古文仍复淆乱。"彖即文王所系之辞,传者孔子所以释经之辞也,后凡言传放此",此乃彖上传条下义,今乃削"彖上传"三字,而附于"大哉乾元"之下。"象者,卦之上、下两象及两象之六爻,周公所系之辞也",乃象上传条下义,今乃削"象上传"三字,而附于"天行健"之下。"此篇申彖传、象传之意以尽乾、坤二卦之蕴,而余卦之说因可以例推云",乃文言条下义,今乃削"文言"二字,而附于"元者善之长也"之下。其"彖曰"、"象曰"、"文言曰"字皆朱子本所无,复依程传添入。

后来士子厌程传之多,弃去不读,专用本义。而大全之本乃朝廷所颁,不敢辄改,遂即监版传义之本刊去程传,而以程之次序为朱之次序,相传且二百年矣。惜乎!朱子定正之书竟不得见于世,岂非此经之不幸也夫?

朱子记嵩山晁氏卦爻彖象说谓:"古经始变于费氏,而卒大乱于王弼。"此据孔氏正义曰:"夫子所作象辞,元在六爻经辞之后,以自卑退,不敢干乱先圣正经之辞。"王辅嗣之意,以为象者本释经文,宜相附近,其义易了,故分爻之象辞各附其当爻下,如杜元凯注左传,分经之年与传相附。故谓连合经传始于辅嗣,不知其实本于康成也。魏志:高贵乡公幸太学,问博士淳于俊曰:"孔子作彖、象,郑玄作注,其释经义一也。今彖、象不与经文相连,而注连之,何也?"俊对曰:"郑玄合彖、象于经者,欲使学者寻省易了也。"帝曰:"若合之于学诚便,则孔子曷为不合以了学者乎?"俊对曰:"孔子恐其与文王相乱,是以不合。此圣人以不合为谦。"帝曰:"圣人以不合为谦,则郑玄何独不谦邪?"俊对曰:"古义宏深,圣问奥远,非臣所能详尽。"是则康成之书已先合之,不自辅嗣始矣。乃汉书儒林传云:"费直治易,无章句,徒以彖、象、系辞、文言解说上、下经。"则以传附经又不自康成始。朱子记晁氏说,谓:"初乱古制时,犹若今之乾卦。"盖自坤以下皆依此,后人又散之各爻之下,而独存乾一卦以见旧本相传之样式耳。愚尝以其说推之,今乾卦"彖曰"为一条,"象曰"为一条,疑此费直所附之元本也。坤卦以小象散于各爻之下,其为"象曰"者八,余卦则为"象曰"者七,此郑玄所连,高贵乡公所见之本也。

　　<u>程</u>传虽用辅嗣本,亦言其非古易。咸:"九三,咸其股,亦不处也。"传曰:"云'亦'者,盖象辞,本不与易相比,自作一处,故诸爻之象辞意有相续者。此言'亦'者,承上爻辞也。"

　　<u>秦</u>以焚书而五经亡,本朝以取士而五经亡。今之为科举之学者,大率皆帖括熟烂之言,不能通知大义者也,而<u>易</u>、<u>春秋</u>尤为缪盭。以<u>彖</u>传合<u>大象</u>,以<u>大象</u>合爻,以爻合<u>小象</u>,二必臣,五必君,阴卦必云小人,阳卦必云君子,于是此一经者为拾沈之书,而<u>易</u>亡矣。取<u>胡</u>氏传一句两句为旨,而以经事之相类者合以为题,传为主,经为客,有以彼经证此经之题,有用彼经而隐此经之题,于是此一经者为射覆之书,而<u>春秋</u>亡矣。复<u>程</u>、<u>朱</u>之书以存<u>易</u>,备三传、<u>啖</u>、<u>赵</u>诸家之说以存<u>春秋</u>,必有待于后之兴文教者。

四库全书总目卷三经部易类三

周易本义十二卷附重刻周易本义四卷(内府校刊宋本)

　　宋<u>朱</u>子撰。是书以上、下经为二卷,十翼自为十卷。

　　<u>顾炎武</u>日知录曰:"<u>洪武</u>初,颁五经天下儒学,而易兼用<u>程</u>、<u>朱</u>二氏,亦各自为书。<u>永乐</u>中修<u>大全</u>,乃取<u>朱</u>子卷次,割裂附<u>程</u>传之后,而<u>朱</u>子所定之古文仍复淆乱。如'彖即<u>文王</u>所系之辞,传者<u>孔</u>子所以释经之辞,后凡言传仿此',乃彖上传条下义,今乃削去'彖上传'三字,而附于'大哉乾元'之下。'象者,卦之上、下两象及两象之六爻,<u>周公</u>所系之辞也',乃象上传条下义,今乃削去'象上传'三字,而附于'天行健'之下。'此篇

申彖传、象传之义,以尽乾、坤二卦之蕴,而余卦之说因可以例推云',乃文言条下义,今乃削去'文言'二字,而附于'元者,善之长也'之下。其'彖曰'、'象曰'、'文言曰',皆朱子本所无,复依程传添入。后来士子厌程传繁多,弃去不读,专用本义。而大全之本乃朝廷所颁,不敢辄改,遂即监板传义之本刊去程传,而以程之次序为朱之次序。"又曰:"今四书坊本,每张十八行,每行十七字,而注皆小字,书、诗、礼记并同。惟易每张二十二行,每行二十三字,而本义皆作大字,与各经不同。凡本义中言'程传备矣'者,又添一'传曰'而引其文,皆今代人所为"云云。其辨最为明哲。然割裂本义以附程传,自宋董楷已然,不始于永乐也。(详董楷周易传义附录条)

此本为咸淳乙丑九江吴革所刊,内府以宋椠摹雕者。前有革序,每卷之末题"敷原后学刘垐校正文字"。行款及象传履、夬二卦不载程传,一一与炎武所言合。卷端惟列九图,卷末系以易赞五首、筮仪一篇,与今本升筮仪于前而增列卦歌之类者亦迥乎不同。象上传标题之下注"从王肃本"四字,今本删之。又杂卦传"咸,速也;恒,久也"下,今本惟注"咸,速;恒,久"四字,读者恒以为疑。考验此本,乃是"感,速;常,久",经后人传刻而讹,实为善本。故我圣祖仁皇帝御纂周易折中即用此本之次序,复先圣之旧文,破俗儒之陋见,洵读易之家所宜奉为彝训者矣。至成矩重刻之本,自明代以来,士子童而习之,历年已久,骤令改易,虑烦扰难行。且其本虽因永乐大全,实亦王、韩之旧本,唐用之以作正义者。是以国朝试士,惟除其爻、象之合题,而命题次序则仍其旧。内府所刊袖珍五经,亦复因仍。考汉代论语凡有三本,梁皇侃论语义疏序称"古论分尧曰下章'子张问'更为一篇,合二十一篇。篇次以乡党为第二篇,雍也为第三篇。齐论题目长问王、知道二篇,合二十二篇。鲁论有二十篇,即今所讲是也"云云。是自古以来,经师授受不妨各有异同,即秘府储藏,亦各兼存众本。苟其微言大义,本不相乖,则篇章分合,未为大害于宏旨。故今但著其割裂本义之失,而仍附原本之后,以备参考焉。